1 깨어남 365 현존 일력 **사용법**

◇ 매월 24절기에 따른 자연의 변화에 맞게
'내면 성장 키워드'를 선정했습니다.

◇ 달마다 실천할 수 있는 주간 명상법 52가지를 수록했습니다.
매주 하나씩, 마음이 이끌리는 명상을 실천해보세요.

◇ 매일 내면의 힘을 깨우는 문장과 함께 하루를 시작해보세요.

◇ 문장마다 어울리는 차크라 에너지 센터를 표시했습니다.
1년 동안 동서고금의 지혜와 함께
차크라의 힘을 골고루 발달시켜보세요.

◆뿌리   존재, 지구에너지, 안전함
◆천골   느낌, 수용, 놀이
◆태양신경총   추진력, 행동, 의지
◆가슴   사랑, 공감, 포용
◆목   소통, 의사 표현, 창조
◆제3의 눈   지혜, 통찰, 직관
◆왕관

KB185999

만든 이 소개

엮은이 권혜진

SBS·KBS·MBC에서 교양 프로그램 작가로 일하는 동안, 휴식 차 들린 베네치아 무라노섬의 마을 성당에서 몸과 마음 너머의 전체를 경험했습니다. 이후 이 근원을 탐구하기 위해 수천 권의 책을 모으고 읽었습니다. 동시에 정기적으로 안식월을 갖고 20여 년 인연 닿는 아쉬람과 삶 속에서 수련하며 깊은 침묵을 만났습니다. 지금은 제주도에서 영성 책방 '바라나시책골목'을 운영하며 우리는 이 침묵(진실)을 지금 당장 만날 수 있는 것임을 매일 확인합니다. 쓴 책으로는 《일상여행자의 낯선 하루》, 《명품여행, 지금 그곳에 가면》(공저)이 있습니다.

MFCT(명상기반 감정코칭) 전문가, 에니어그램 상담사
명상심리상담사(한국명상심리상담학회)
인스타그램 @varanasi_jeju

그린이 계남

마음과 자연에 귀 기울이는 단순하고 자유로운 삶의 이야기를 그립니다. 아트숍 '토도비엔'을 운영하며 회화와 일러스트 작업을 하고 있습니다. 《라마 씨, 퇴사하고 뭐 하게?》를 쓰고 그렸습니다.

인스타그램 @kyenamtree

1월 January

비움의 달   감사를 담아 나를 비우고 새로움을 맞이하다

12월 December

우리에게든 신께든
당신의 가치를 입증해야 할 필요가 없어요.
그것은 신께서 당신을 창조했을 때
그의 마음속에서 이미 입증되어 있었습니다.

개리 레너드, 이균형 역, 《우주가 사라지다》

비움의 달 주간 명상

첫째 주 ◇ 비움 호흡 명상

편안하게 숨을 마시며 이 풍부한 공기에 감사를 느끼고,
숨을 내쉬며 내 안의 두려움, 근심, 분노 등을
날숨과 함께 내보냅니다.

둘째 주 ◇ 비움 감사 명상

내 몸을 바라보며 "고마워" 하고 말해봅니다.
1년을 함께해줘 고맙고, 또 1년을 함께해줄
내 몸에 진심으로 고마움을 전해보세요.

셋째 주 ◇ 1분 존재 명상

딱 1분간 그냥 있어 봅니다.
두 손을 편안하게 내려놓고 존재 안에서 쉬어봅니다.
앞으로의 1년도 지금처럼 근원의 자리에서 쉬게끔 연습합니다.

넷째 주 ◇ 108배 명상

108배 명상은 복잡한 마음을 내려놓는 데 좋은 수행법입니다.
108번이 많다면 10번도 좋습니다.
편안하게 이마로 대지를 느끼며 하심下心을 익힙니다.

다섯째 주 ◇ 소함Soham 명상

인도의 만트라 호흡법으로, 'So(우주, 전체)가 Ham(나)'이라는
산스크리트 진언을 가슴에 새길 수 있습니다.
숨을 마시며 '소'를 마음으로 외고 내쉬며 '함'을 외웁니다.

천국을 잃었다는 것은
태초의 맨몸을 잃고 눈이 멀었다는 뜻이기도 하지만,
'이제 너 자신을 바라보라'는 명령이기도 하다.
반대로 천국을 되찾기 위해서는
눈 뜨는 법을 다시 익혀야 한다.

파트릭 뷔렌스테나스, 이선주 역, 《연금술이란 무엇인가》

우리는 모두 근원의 사랑 앞에서는 아기다.
내 생각, 내 의지, 내 감정, 내 체면, 내 가면을 몽땅 벗어놓고
아기가 돼야만 근원의 사랑과 하나가 된다.

김상운, 《거울명상》

29

어떤 의미에서 깨달음은 평범함 속으로 죽는 것,
혹은 비범한 평범함 속으로 죽는 것이다.
우리는 평범한 것이 비범한 것임을 깨닫게 된다.
그것은 마치 숨겨진 비밀을 터득하게 된 것과 같다.
즉 우리가 처음부터 내내 약속된 땅에 살아왔음을,
내내 천국에 있어 왔음을 말이다.

아디아샨티, 정성채 역, 《깨어남에서 깨달음까지》

'나만의 것'을 놓아주고 집착을 버리는 법을 배운 사람은
더 뛰어난 직감을 가지게 돼요.
타인으로부터 자신을 보호할 갑옷이
더 이상 필요하지 않으니까요.

타니스 헬리웰, 정승혜 역, 《몸의 정령 헨리》

28

모든 마법의 종착역은 결국 깨달음이다.
마법은 결국 무의식의 숨은 진실과 소통하고
이를 통합함으로써
존재의 오랜 방식을 녹이고 새로운 가능성을 여는 것이다.

캐럴린 엘리엇, 김정은 역, 《킹크》

내면의 신적 현존은 언제나 기능하고 있으며,
가장 사소한 단계에서조차 우리의 삶을 가이드해주고 있다.
하지만 이런 신적 현존을 온전히 감지할 수 있을 때는
오직 마음이 고요할 때, 애착과 혐오라는
이원성에서 자유로워졌을 때밖에 없다.

피터 마운트 샤스타, 이상범 외 역, 《마스터의 제자》

27

너희는 이 실재를
신이든, 알라든, 여호와든, 무한자든, 지성이든,
신성한 마음이든, 신성의식이든, 도道든,
그 무엇으로 불러도 좋다.
이 모든 이름들이
너희의 존재의 근원, 너희의 창조의 기원을 뜻한다.
우주적 존재의 본성을 깨닫고
그것과 진정한 만남을 이루는 일에 주의를 돌리면
너희는 자신이 더 이상 혼자가 아님을 깨닫기 시작한다.

기록자 받아씀, 이균형 역, 《그리스도의 편지》

생각을 내려놓는 일은 하나의 게임이 되었다.
삶은 전보다 훨씬 가벼워졌다.
혼자서 쓰는 통속드라마가 여전히 올라오긴 했어도
그것이 나를 끌어내리지는 못했다.
선물처럼 다가온 이 내면의 에너지 흐름 덕에
나는 나로부터 벗어나는 작업을 계속할 수 있었다.

마이클 A. 싱어, 김정은 역, 《될 일은 된다》

카르마의 관점에서 보면
개인은 과거의 수많은 원인들이 만들어낸
에너지의 결과이다.
그러나 다르마의 관점에서 보면
개인은 '보다 큰 전체'의 필요에 대한 잠재적 응답이다.
개인이 '보다 큰 전체'를 인정하고
거기에 관심을 갖는다면 상호작용이 가능하다.

유기천, 《인간의 점성학 2》

뱀은 낡은 허물을 벗어도 작아지지도 커지지도 않는다.
그것은 단지 필요한 과정일 뿐이다.
새것을 받아들일 빈 공간이 없으면 새것이 들어올 수 없다.
사람은 낡은 짐을 벗어 던질 때
한결 젊어 보이고, 마음도 젊어진다.

말로 모건, 류시화 역, 《무탄트 메시지》

25

잃어버린 전일체(태초의 하나)로 다시 가기 위해서는
'벗어야' 한다.
즉 베일을 걷고 유리의 얼룩을 닦으면서
할 수 있는 한 훌훌 벗어버리는,
소위 순례자의 '내려놓기' 작업을 해야 한다.

파트릭 뷔렌스테나스, 이선주 역, 《연금술이란 무엇인가》

"자신을 텅 비우는 순간 천리안, 원격치료, 원격대화 등
숨어 있던 능력들이 깨어난다."

— 헌트 박사(UCLA 생리학 교수)

왜 그러냐고? 그 텅 빈 공간, 즉 영점공간에는
당신이 원하는 정보가 다 들어 있기 때문이다.
거기서 원하는 바를 그리면 곧바로 현실로 나타난다.

김상운, 《왓칭》

그녀는 자신을 한때는 어둠과,
또 어느 때는 빛과 동일시했습니다.
그러나 그 모든 과정을 통틀어
어떤 것은 변함없이 그대로 남아 있었습니다.
그리고 모든 것의 배후에 있는 이 '동일함'을 깨달았을 때,
그녀의 의식은 새로운 종류의 일체성을 획득했습니다.

파멜라 크리베, 이균형 역, 《예수아 채널링》

당신의 잠재의식은 정보장에 직접 연결되어 있다.
모든 문제의 해결책은 거기에 이미 존재한다.
그러니 우선 긴장을 풀고
그 문제에 대해 가지고 있는 두려움과 걱정을
모두 던져버리라.
자신을 느슨하게 풀어놓고 생각의 흐름을 멈춘 다음,
텅 비어 있는 상태를 명상하라.
이 연습은 직관적 지식을 얻는 능력을 개발하는 데
아주 유용하다.

바딤 젤란드, 박인수 역, 《리얼리티 트랜서핑 1》

23

지금 그대가 갖고 있는 몸은 살아 있을 때 생겨난
그대의 정신적 성향으로 이루어진 사념체다.
그대는 살과 뼈로 만들어진 육체를 갖고 있지 않으므로
어떤 것이 그대 앞에 나타나든지,
그것이 소리든 빛이든 광선이든
어떤 것도 그대를 해칠 수 없다.
그대는 죽을 수 없기 때문이다.
이 환영들이 그대 자신의 생각에서
나온 것임을 아는 것으로 충분하다.

파드마삼바바, 류시화 역, 《티벳 사자의 서》

직관은 삶의 여정에서 우리를 안내하는 내면의 지혜입니다.
자기 자신과 연결되지 않았을 때
직관은 또렷하지도, 정확하지도 않습니다.
이것이 바로 감정을 방출하고 정화, 이완하는 것이
정말로 중요한 이유입니다.
그래야만 직관의 목소리를 더 명료하게
들을 수 있기 때문입니다.

웬디 드 로사, 송지은 역, 《가슴으로 치유하기》

그대가 보지 않는다고 해서,
그대의 감긴 눈이 볼 능력을 잃었다고 해서
사랑의 우주가 멈춰 서지는 않는다.
―《기적 수업》

개리 레너드, 이균형 역,《우주가 사라지다》

만약 생각의 흐름을 따를 수가 없고 집중도 할 수 없다면
당신의 지성과 주의가 어떤 것에 의해
심각하게 억눌려 있다는 뜻이다.
외부에서 들어오는 정보의 흐름을 제한하고
쓸모없는 정보들은 걸러내라.
생각을 줄이고 행동을 늘리라.
실천을 더 많이 하는 것이다.

바딤 젤란드, 정승혜 역, 《타프티가 말해주지 않은 것》

21

우리의 분노는 본래 해탈해 있기 때문에 스스로 해탈한다.
이것이 분노의 본성이다.
우리가 '분노'라고 부르는 것은
사실 분노였던 적이 없었다.
여실하게 올라오는 그 에너지는
분노라는 개념의 속박을 당한 적이 없다.
스스로 해탈하는 이 자연의 과정을 깨달으면
우리는 깊고 완전한 평화의 느낌을 찾을 것이다.

족첸 폰롭 린포체, 이균형 외 역, 《티벳 사자의 여행 안내서》

10

아무리 생각해도 답을 찾을 수 없었고,
오히려 생각하면 할수록 앞이 깜깜해지며
머리가 지끈지끈 아파왔다.
그러던 어느 날 뉴델리 역에서
아주 신기한 사두와 마주쳤다.
그는 문득 얼굴을 내 코 바로 앞까지 쑥 들이밀고는
나의 눈을 지그시 들여다보며 천천히 입을 열었다.
"생각하지 마!"

마사키 다카시, 김동준 역, 《출아메리카기》

20

정화의 궁극은 정화의 대상을
정화의 대상으로 보지 않는 데에 있다네.
진짜 정화는 상대성을 꿰뚫어 보는 것일세.
'나를 괴롭히는 놈'의 형태로 등장한 그 직장 상사는
동시에 지금의 자네를 존재하게 만들어준 필수조건일세.
어떻게 보면 존재의 은인이지.

카밀로, 《시크릿을 깨닫다》

11

당신 자신이 얼마나 고요해질 수 있는지,
얼마나 적게 말할 수 있는지를 하루 동안 실험해보라.
쓸데없는 험담이나 수다에 불과한 대화를 피하라.
이 연습을 의식적으로, 의도적으로 하다 보면
당신은 우리가 조금도 중요하지 않은 것에 대해
얼마나 많이 떠들며 사는지 매우 놀라게 될 것이다.

롭상 람파, 이재원 역,《롭상 람파의 가르침》

우리 내면의 무언가가 우리 앞에
그 경험들을 가져다놓았다.
거기에는 열쇠가 숨겨져 있다.
그 열쇠를 찾아 돌린다면
아마도 둘 중 하나의 결과가 나타날 것이다.
하나는, 우리의 외부 상황이 변하는 경우이다.
다른 하나는, 외부 상황은 변함없이 그대로지만
우리 자신이 변하는 경우다.

크리스토퍼 M. 베이치, 김우종 역, 《윤회의 본질》

12

자기 자신이 정말로 텅 비어 있다는 사실을 느끼는 행위는
수행자가 반드시 밟아야 하는 매우 중요한 단계다.
비어 있음이 진정하고 항구적인 존재를 창조하기 위한
시작임을 냉철하게 감지하는 것이다.

존 셜리, 김상훈 역, 《인간이라는 기계에 관하여》

18

삶의 괴로움을 느끼기 시작한 사람은
동시에 보다 심층적이고 진정한 실재로서
'깨어나기' 시작한다.
우리로 하여금 지금까지 회피해왔던 방식과는 다르게
자신과 세계를 세심하게 보고
깊이 느끼고 접하게 함으로써,
특별한 의미에서 살아 있게끔 강요하기 때문이다.
고통이야말로 '최초의 은총'이라는 말이 전해오는데,
나는 이 말이 진실이라고 생각한다.

켄 윌버, 김철수 역, 《무경계》

13

육체적으로나 심리적으로
뭔가 스트레스를 받거나 불만이 있을 때,
우리는 스스로 자기 안에 통을 만들어내고
그 통을 닫아버린다.
우리 몸의 곳곳에 그런 통들이 있고,
그 통들은 빛을 가둔다.
정화란 이런 통들을 열어서
그 속에 공기를 넣는 작업이다.

파트릭 뷔렌스테나스, 이선주 역, 《연금술이란 무엇인가》

17

제트기는 언제나 항로를 이탈하고 있지만
지속적인 보정 덕분에 목적지에 도착합니다.
당신도 마찬가지로 목적지에 도착할 겁니다.
그것은 정해진 일입니다.
진짜 문제는, 당신이 스스로
이 고통을 얼마나 오래 끌고 갈 거냐는 거예요.

개리 레너드, 이균형 역, 《우주가 사라지다》

당신이 얼마나 모르는지를,
혹은 얼마나 속수무책인지를 고백한다는 것은
썩 내키지 않는 일로 여겨질지도 모릅니다.
하지만 그런 고백을 할 때마다
당신의 몸속에는 깊은 여유와 안도감과
이완감이 자리 잡을 것입니다.
당신이 무엇을 몰랐는지를 인정할 때,
그 모든 것을 알고 행하는 당신 내면의 우주가
행동을 개시합니다.

맷 칸, 유영일 역, 《사랑 사용법》

16

한마음은 진실로 공空이고 어떤 기반도 갖지 않으며,
그와 마찬가지로 개인의 마음도 하늘처럼 비어 있나니,
이것이 옳은지 그른지 알고 싶으면
그대 자신의 마음을 들여다보라.

신성한 지혜는 끝없이 흐르는 강물처럼
결코 부서지지 않으며 파괴할 수 없나니,
이것이 옳은지 그른지 알고 싶으면
그대 자신의 마음을 들여다보라.

파드마삼바바, 유기천 역, 《티벳 해탈의 서》

6◆제3의 눈 7◆왕관

15

불행을 끄집어내어 확대하지 않는다면,
지나치게 행복만을 추구하지 않는다면,
내 마음의 그릇을 비울 수 있다면,
삶은 곧 행복이다.

황웅근, 《마음세탁소》

15

이 눈물은 나보다 내 삶을 더 잘 알고 있는 우주가
내게 알려주고 싶은 것이 있어서
나를 다시 이곳으로 데려온 것이었음을
깨달은 감사와 감탄의 눈물이었다.
'나, 나, 나'만을 외치던 이기적인 나는
이제 '당신'에게로 눈을 돌리기 시작했다.

김선영, 《삶이 나를 어디로 데려가든》

16

당신만의 가능성의 씨앗을 가져오기 위해서는
생각의 속삭임들을 내버려두어야 합니다.
그 속삭임을 조절하거나 통제하려고 하지 마십시오.
바람에 나뭇잎이 흔들리는 모습을 지켜보듯이,
흘러가는 구름을 쳐다보듯이,
그렇게 무심히 생각을 바라보면 그 속삭임들은
당신을 괴롭히지 못합니다.

정명호,《욕망을 이롭게 쓰는 법》

우리 자신의 진정한 본성을 발견하게 되면
문제가 사라질 뿐만 아니라
문제를 '가지고' 있는 듯 보이는 그 당사자도 사라집니다.
이것은 진리탐구에서 매우 중요한 요점입니다.

무지, 서상혁 외 역, 《드높은 하늘처럼, 무한한 공간처럼》

17

모든 시도를 멈추고 아무런 기대도 없이 휴식하고 있을 때,
그때 갑자기 한순간 하늘이 열린 것처럼
문제에 대한 해답이 온다.

이차크 벤토프, 류시화 외 역, 《우주심과 정신물리학》

13

소리 없는 폭발이 일어난 후, 완전한 평화 속에 잠겼다.
모든 것 안에 있는 동시에 그 모든 것이 나였다.
기대 같은 것도 없고,
'내가 존재한다'는 느낌조차 확실하지 않았다.
그런데도 분명히 나는 존재했다.
그것도 아주 강렬하게,
나를 한정 짓는 테두리나 정체성 같은 것 없이
넓디넓게 용해된 채로.

파트릭 뷔렌스테나스, 이선주 역, 《연금술이란 무엇인가》

18

자신은 자기 자신으로,
다른 이들은 그들 자신으로 존재하게 하라.
세상을 자유롭게 풀어놓아 주어야 한다.
꽉 쥐고 있는 손을 늦추라.
당신이 더 많이 원하고 더 많이 요구할수록
그에 반대되는 것을 끌어당기는 자석의 힘도 더 세어진다.

바딤 젤란드, 박인수 역, 《트랜서핑 타로카드》

12

나를 찾는 자는 누구나 찾을 것이요
나를 찾은 자는 나를 알 것이요
나를 아는 자는 나를 사랑할 것이요
나를 사랑하는 자를 나는 죽이리라.

키리아코스 C. 마르키데스, 이균형 역, 《지중해의 성자 다스칼로스 2》

망상이 일어나면 단지 고요히 바라보기만 하세요.
컵에 흙탕물이 담겨 있습니다.
가만히 놔두면 저절로 흙이 가라앉아
맑은 물이 그대로 드러나지요.

김열권, 《보면 사라진다》

그때 파괴자로서의 시바 신 바이라바가
내 위로 거대하게 솟아 있었다.
나는 우주의 가장 깊은 밑바닥에서 그의 발에 의해
한 덩이의 배설물처럼 짓이겨졌다.
그것은 에고의 박살이었고,
나라고 생각했던 것의 괴멸이었다.
그러나 아무것도 아닌 것이게 된 나는
이제 모든 것이었다.

스타니슬라프 그로프, 유기천 역, 《초월의식》

모든 것의 근원과 소멸을 생각지 않고
백 년을 사느니
모든 것의 근원과 소멸을 생각하며
하루를 사는 것이 더 나으리.
—《법구경》

파드마삼바바, 유기천 역, 《티벳 해탈의 서》

10

자신의 가치를 스스로 부인하는 경우를 빼고는
그 누구도 한 사람에게서 그의 중요성을 앗아갈 수 없다.

기록자 받아씀, 이균형 역, 《그리스도의 편지》

만약 가지려는 의도가
의심이나 두려움이라는 불순물 없이 순수한 상태라면,
영원의 문지기가 가능태 공간의 슈퍼마켓으로
당신을 들여보내줄 것이다.
그러면 당신은 필요한 물건을
자유롭게 골라 가져오기만 하면 된다.

바딤 젤란드, 정승혜 역, 《트랜서핑 해킹 더 매트릭스》

나는 수없이 많은 경이로운 굴욕을 받아들인 후,
내 에고는 애초에 절대 성취될 수 없다는
사실을 깨달았다.
에고는 분리와 결핍,
전체에서 외따로 떨어진
독립적인 존재라는 허상에 불과하기 때문이다.

캐럴린 엘리엇, 김정은 역, 《킹크》

해결되지 않은 내면의 매듭은
우리에게 끊임없이 자신의 존재에 대해 어필하고 있네.
자기를 알아봐달라는 뜻이지.
자기를 알아봐줄 때까지 그 상처들은
현실을 반복해서 출력해내네.
일종의 패턴 반복, 즉 상처로 남아 있는
기억들의 윤회일세.
정화의 첫걸음은 인정해주는 것일세.

카밀로, 《시크릿을 깨닫다》

과거의 것들에 대해 순간순간 죽을 때
미지의 것, 실재가 들어섭니다.
우리는 지나는 순간에 대해 죽어야 하고,
살아 있는 현재 속에서 살아야 합니다.
그러면 그 죽음 속에 생명이 존재합니다.

맥도널드 베인, 강형규 역, 《영원한 진리를 찾아서》

23

억지로 만든 고요가 아니라 자유를 통해 온 고요.
나는 더 이상 뭔가가 되겠다고 바라지 않았다.
마음이 수다를 멈출 때,
그 침묵 속에 실재가 존재하고
미지의 것이 들어서게 됨을 이해할 때 찾아오는 고요였다.

맥도널드 베인, 강형규 역, 《영원한 진리를 찾아서》

자신의 근원 주파수를 찾는 것은
변성 과정에서 대단히 중요한 전환점이다.
공허 속으로 추락한다고 느껴지는 순간이
실은 참된 자아를 되찾는 순간이라는 사실,
비워진다고 생각되는 것들이
실은 충만해지고 있다는 사실,
낡은 것을 멈추면 그 즉시 새로운 것이 시작된다는 사실.
이것들이야말로 꽁꽁 숨겨져 있는 삶의 비밀이다.

페니 피어스, 김우종 역, 《감응력》

평화가 모든 것이 당신이 원하는 대로 됐을 때만
가능한 것이라면
그것은 진정한 평화가 아니라는 사실을 명심하라.
평화롭다는 것은
어떤 일이 일어나든 상관없이
'본래부터' 평화로운 것을 말한다.

마틴 보로슨, 이균형 역,《1분 명상법》

12월 December

거듭남의 달

새로운 신경다발은
서로를 연결하여 배선하는 뇌 자체의 변화다.
온 생애에 걸쳐 끊임없이 형성되고,
오래된 것들은 가지 치듯 잘려나간다.
우리가 명상을 하거나 그 밖에 어떤 방법으로든
의식을 전환시킬 때, 뇌는 빠르게 변화한다.

도슨 처치, 최경규 역,《깨어 있는 마음의 과학》

25

수행자는 첫 소리를 들을 수 있기 전에
'잃어버렸던 어린이의 상태'를 되찾아야 한다.

라마 카지 다와삼둡 영역, 유기천 역, 《티벳 밀교 요가》

가끔씩 아무리 낙관적인 태도를 지키려고 애써도
삶이 우리를 자꾸만 끌어내리고 있는 것처럼
느껴질 때가 있다.
'바닥 치기'는 이런 완전한 몰락의 순간을
가리키는 말이다.
하지만 거기서 살아남는 사람에게는
그 결과가 비범한 것이 될 수 있다.
'밑바닥'을 치는 순간 뒤에는
종종 '꼭대기'를 치는 순간이 따라오기 때문이다.

마틴 보로슨, 이균형 역, 《1분 명상법》

당신은 하루는커녕 1초 전과도 같은 사람이 아니다.
당신의 신체는 놀랄 만큼 빠르게 세포를 교체하여
장기들을 회춘시키고 있다.
당신의 신체는 37조 개 정도의 세포를 지니고 있다.
이것은 알려진 우주의 은하계 숫자보다 더 많다.
시시각각 오래된 세포는 죽어가고
새로운 세포들이 그것을 대체한다.
매초 81만 개의 세포가 교체되고 있다.

도슨 처치, 최경규 역, 《깨어 있는 마음의 과학》

실의에 빠진 이런 어둠의 시기가 없이는
영적 성장도 없을 것이다.
그것은 너희에게 전하는 특별한 메시지를 지니고 있으니,
좌절이나 실의에 빠져서 굴복하지 말라.
나약해진 기분이 들지라도 이것은 너희에게는
자기발견과 내적 쇄신의 겨울철이니,
지나고 나서 보면 그것이
'잘 나가던' 시절에 받았던 축복보다
훨씬 더 큰 축복이었음을 깨닫게 될 것이다.

기록자 받아씀, 이균형 역, 《그리스도의 편지》

27

무엇보다도 나는
자신을 치료하는 의사는 바로 자기 자신이며,
사람은 마땅히 자기 자신을 치료해야 한다는 것을
알게 되었습니다.
그 비법은 자만심을 버리고, 자신의 관념을 버리고,
단지 우리 몸이 스스로를 치유하게 내버려두는 것입니다.
우리 몸은 그 방법을 알고 있습니다.

앤드류 와일, 김옥분 역, 《자연 치유》

우리는 모두가 각자의 깨어남의 길에서
'내 뜻'의 한계에 맞닥뜨리게 된다.
'내 뜻'의 상실은, 사실은 결코 상실이 아니다.
실제로는 정반대이다.
'내 뜻'이라는 환영을 포기함으로써,
전혀 다른 의식 상태가 자기 안에서 태어난다.
'거듭남'이 일어나는 것이다.
그것은 우리 안의 깊은 곳에서 일어나는 부활이다.

아디야샨티, 정성채 역, 《깨어남에서 깨달음까지》

28

당신이 현 순간의 자각에 들었는지의 여부를
판단할 수 있는 믿음직한 지표가 있다.
그것은 특정 순간에 당신이 아무리 편안하게 느끼든,
아니면 아무리 불편하게 느끼든 상관없이
당신의 경험에 '감사'의 마음이 스며들어 있는가
하는 것이다.

마이클 브라운, 이재석 역, 《현존 수업》

무너짐은 더 이상 우리에게 도움이 되지 않는
낡은 구조를 드러내줍니다.
온전한 존재가 되는 법,
신과 연결된 삶을 사는 법에 대한 정보를
우리에게 보내주려 합니다.

웬디 드 로사, 송지은 역, 《가슴으로 치유하기》

하룻밤 자고 나면 늘 새로운 기운이 생겨나는 것에 대해
감사하지 않을 수 없었다.
나는 어떤 것도 당연한 것으로 여기지 않게 되었다.
목을 축여주는 한 모금의 물에 대해서도,
그리고 단맛에서 쓴맛까지 내 혀에 느껴지는
모든 맛에 대해서도.

말로 모건, 류시화 역, 《무탄트 메시지》

철저하게 무너졌다면
저 깊은 바닥까지
떨 어 졌 다 면
그것은 이제 당신에겐
새로운 존재 상태로
날 아 오 를
일만 남았다는 뜻입니다

융 푸에블로, 김우종 역, 《나는 나를 괴롭히지 않겠다》

양말과 속옷은 매일 갈아입습니다.
점퍼와 치마와 바지는 며칠에 한 번 갈아입습니다.
우리의 마음은 어떨까요?
우리는 내 마음이 곧 '나 자신'이라고 여기기 쉽습니다.
그러나 조금 더 숙고해보면, 옛 선현들께서 밝혔듯이
내 마음은 '내가 입고 있는 옷'이라는 사실을 알게 됩니다.

황웅근, 《마음세탁소》

거듭남의 달 주간 명상

첫째 주 ◇ 아침 자비 명상

아침에 눈을 뜨면 심장 위에 손을 얹고 천천히 호흡합니다.
매일 자기 자리에서 부지런히 뛰고 있는 심장에게
감사와 사랑을 보내보세요.

둘째 주 ◇ 회광반조廻光返照 의식 명상

눈앞의 풍광이 내 의식의 빛이 펼쳐진 것임을 자각합니다.
이번엔 빛을 돌려 풍광이 내 안으로 수렴된다고 심상해보세요.
수렴되어 되돌아온, 의식의 한 점에 고요히 머뭅니다.

셋째 주 ◇ 두 대상 사이 공간에 대한 집중

눈앞에 있는 물건과 물건 사이의 텅 빈 공간에 의식을 머물러봅니다.
물건을 구별하고 개념화하기 전의 순수의식을 자각하는 명상입니다.

넷째 주 ◇ 뭉치고 불편한 몸 알아차림

의식의 빛으로 몸을 부위별로 훑어봅니다.
그중 불편한 곳이 있으면 그곳에 주의를 모아 느낌을 알아차리고
그 느낌이 어떻게 변하는지 자각해봅니다.

다섯째 주 ◇ 화해 자비 명상

내게 고통을 줬던 이를 떠올리며 전해봅니다. '건강하고 자유롭기를.'
반대로 고통을 줬던 이가 나에게 전합니다. '건강하고 자유롭기를.'
마지막으로 세상의 모든 존재에게 전해봅니다. '건강하고 자유롭기를.'

진정한 감사는 감사할 일이 있어서 감사하는 것이 아닙니다.
먼저 감사하면 그 후에 감사할 일이
자연스럽게 형성되며 현실로 나타나는 것이죠.
긍정과 부정을 떠나 지금 이 순간을 만드는 데 참여해준
모든 요소들에 존중과 감사를 보내는 것은
이 요소들의 집합과 인연작용으로 있는 '지금의 나'를
존중하며 감사하는 마음과 같습니다.

카밀로, 《당신의 현실에는 이유가 있습니다》

거듭남의 달　　무지에서 자각으로, 오해에서 이해로, 속박에서 자유로

2월 February

내면 소리의 달　　침묵하여 가슴에서 우러러나오는 계획을 들어본다

30

내면을 보고 나 자신이 아무것도 아님을 깨닫는 것,
그것은 지혜이다.
외부를 보고 내가 모든 것임을 깨닫는 것,
그것은 사랑이다.
내 삶은 그 둘 사이를 오간다.

— 스리 니사르가다타Sri Nisargadatta

페니 피어스, 김우종 역, 《감응력》

내면 소리의 달 주간 명상

첫째 주 ◇ 정보 단식

업무 등 부득이한 경우를 제외하고
뉴스나 SNS 보기를 쉬어봅니다.
대신 갓 태어난 아이처럼 눈앞의 세계를 새롭게 느껴봅니다.

둘째 주 ◇ 호흡 자리 손으로 자각하기

양손을 각각 가슴과 배에 놓고 천천히 호흡을 느껴봅니다.
숨을 마시면 가슴과 배가 부풀고 내쉬면
수축하는 움직임을 손의 감촉으로 자각해봅니다.

셋째 주 ◇ 생각 비우기 파도 명상

탁한 생각에 사로잡히면 눈을 감고 바다를 떠올려봅니다.
생각은 의식이라는 큰 바다에서 치는 파도일 뿐이기에
밀려왔다 사라집니다.
망념이 일면 거품일 뿐임을 알아차림하세요.

넷째 주 ◇ 나의 인생 키워드 써보기

수많은 백만장자들은 모두 자신이 이 삶에서
경험하고 싶은 것을 손수 종이에 적어보았다고 합니다.
일주일 동안 '나는 어떤 삶을 살고 싶은가?'를 적어봅시다.

만물의 심층에 신성의 불꽃이 있기 때문에
우리 또한 항상 일체와 직접 연결되어 있다.
"신은 네 목의 맥박보다도 네게 가까우시다"라는
이슬람교도의 말은 진실이다.
실은, 우리는 신성과 가까운 정도가 아니라
우리가 바로 신성이다.
우리는 전체인 동시에 개체이다.

크리스토퍼 M. 베이치, 김우종 역, 《윤회의 본질》

선생님.
오늘은 제가 직접 운전해서 돌아갈 것이 기대되네요.
운전석에 앉는다는 건
목적지를 제가 선택할 수 있다는 의미인데,
전에는 왜 이 사실을 깨닫지 못했는지 모르겠어요.
집에 갈 수도 있고 안 갈 수도 있고,
모든 건 제 선택에 달려 있네요.

갈리트 아틀라스, 신동숙 역,《침묵을 짊어진 사람들》

28

본래 텅 비어 있고 아무런 모습도 갖지 않은
그대 자신의 참된 의식이 곧 그대의 마음이다.
그것은 스스로 빛나고 더없는 행복으로 가득한 세계다.
이 둘은 서로 다른 것이 아니라 하나다.
그 하나됨이 바로 완전한 깨달음의 상태다.

파드마삼바바, 류시화 역, 《티벳 사자의 서》

다른 이의 신념이나 생각에 묶여 있다면
영혼 없는 앵무새일 뿐이야.
마음의 사고과정 전체를 인지할 때,
비로소 자신을 이해하기 시작한 것이고
이것이 우리를 자유로 이끌지.

맥도널드 베인, 강형규 역, 《영원한 진리를 찾아서》

공간은 비어 있지 않다. 그것은 '꽉 차' 있다.
그것은 진공의 반대인 충만이며
우리를 포함한 만물의 존재 기반이다.
우주는 이 에너지의 우주적 대양으로부터
따로 떨어져 있지 않다.
우주는 그 표면 위의 한 물결,
상상할 수 없이 광대한 대양 속의 작은 '파문'이다.

마이클 탤보트, 이균형 역, 《홀로그램 우주》

참 이상하게도, 아주 간단한데도
인간이 하지 못하는 일이 하나 있다.
책상 앞에 차분하게 앉아 펜을 꺼내 들고,
세계에 대해 내가 요구하는 것이 무엇인지,
그 세계 속에서 내가 보고자 하는 나의 자리는 어디인지
종이에 쓰는 것이다.

바딤 젤란드, 정승혜 역, 《트랜서핑 해킹 더 매트릭스》

붓다는 절대의 고요와 평화를 지나
'열반(Nirvana)'에 이르렀다고 한다.
기독교는 '하느님의 나라는 네 안에 있다'고 말하고,
성경은 '모든 이해를 넘어서는 곳에 평화가 있다'고
말한다.
나는 내 안에 그러한 자리가 있다는 것을 알고 있었다.

마이클 A. 싱어, 김정은 역, 《될 일은 된다》

2월 February

"레스터, 넌 똑똑하다는 놈이야.
고등학교는 수석으로 졸업했지. 대학도 수석 졸업했어."
하지만 그래 봤자 뭘 하겠는가,
난 인생에 가장 기본적인 것조차도 얻는 법을 모르고 있었다.
— 행복해지는 법 말이다!

레스터 레븐슨, 이균형 역, 《깨달음 그리고 지혜》

25

윤회와 열반을 모두 수용하는 한마음에 절하나니,
그것은 지금 이대로 영원하지만 알려지지 않으며,
그것은 항시 투명하고 항시 존재하지만 보이지 않으며,
그것은 빛나고 명료하지만 인식되지 않도다.

파드마삼바바, 유기천 역, 《티벳 해탈의 서》

나는 사랑받을 자격이 있다는 것을 입증하려
정말 많이 노력했어요.
어둡고 외로운 시점에 이르러서야
내가 얼마나 스스로를 고통스럽게 만들었었는지
돌아보게 되었습니다.
나는 내 가치를 누구에게 증명할 필요도 없었습니다.
나는 이제 내 가치를 증명하려는 의도 없이,
원천에 더 깊이 연결되고
사랑으로 가득 찬 내 가슴으로 나눠줄 사랑이 있습니다.

웬디 드 로사, 송지은 역, 《가슴으로 치유하기》

자신이 그곳에 있음을 발견할 때,
우리는 자신이 늘 그곳에 있었다는 사실을 깨닫는다.
그곳이 우리의 집이다. 우리가 결코 떠난 적 없는 집이다.
그런 상태, 그런 자각의식 상태는
늘 거기에 있고 늘 접할 수 있다.
그것을 깨닫는다는 것은 더도 덜도 아니라
우리가 이미, 진정으로, 누구인지를 깨닫는 것이다.

데니스 겐포 머젤, 추미란 역, 《빅 마인드》

사람들은 내면의 공허를 온전히 깨어서
직면하기를 무서워합니다.
에고의 전략은 언제나 문제의 핵심은 놔두고
변죽만 울리는 것입니다.
에고는 의식을 외부로 돌림으로써 문제를 무마하려 듭니다.
에고가 특히 좋아하는 에너지는
인정, 칭찬, 권력, 관심 등의 것입니다.

파멜라 크리베, 이균형 역, 《예수아 채널링》

나는 페요테의 들판을 향해 걸어갔다.
계속 노래를 부르며, 그 낱낱의 노래가
모두 내 것이라는 사실을 자각했다.
이것은 나의 단일성을 보여주는 확고부동한 증거였다.
나는 한 걸음 한 걸음의 발걸음을 모두 자각했다.
발소리가 지면에서 반향되어 들려왔다.
그 소리는 인간으로 존재한다는 형언할 수 없는
희열감을 불러일으켰다.

카를로스 카스타네다, 김상훈 역, 《돈 후앙의 가르침》

삶이란 오직
'내가 나'일 때만 진정한 것이 된다.

— 게오르기 이바노비치 구르지예프George Ivanovich Gurdjieff

존 셜리, 김상훈 역, 《인간이라는 기계에 관하여》

더 이상 나는 두려움의 반대 쌍을 믿지 않는다.
나는 실재가 무엇인지는 모르나
실재가 존재한다는 것은 안다.
그것 말고는 아무것도 없으며, 따라서 나 역시 그것이다.
"나와 아버지는 하나다."

맥도널드 베인, 강형규 역, 《영원한 진리를 찾아서》

2월 February

내면 소리의 달

직감적 본성의 유일한 관심사는
당신이 삶과 얼마나 멋들어지게 춤을 추고 있는가이다.
그것은 당신이 스스로에게 묻기를 기다린다.
나는 먹고사는 것에 그치지 않고
'살아 있는가?'

아테나 라즈, 김정은 역, 《나는 왜 그런 꿈을 꾸었을까》

물질계의 그 어떠한 것도 진정한 당신,
무한하고 영원불멸하는 당신을 해치지 못해요.
당신의 뒤를 받쳐주고 인도하고 지탱하는 힘은
우주에서 가장 강력한 힘이라는 점을 알고
앞으로 계속 나아가세요.

실버 버치, 김성진 역, 《실버 버치의 가르침》

만약 어떤 길에 '가슴'이 있다면
당신은 그것을 내면에서 느낄 수 있다.
자신의 길을 따라 걸어갈 때는 그 무엇과도
비교할 수 없는 느낌이 일어난다.
그 특유한 느낌은 태연한 확신이다.
영혼이 환호하고 마음이 손뼉을 치는 자기만의 길을 찾으라.
마음만 먹으면 반드시 그 길을 찾게 될 것이다.

바딤 젤란드, 박인수 역, 《트랜서핑 타로카드》

20

태어남과 죽음은 실체가 없으니,
둘 사이에는 꾸며낼 수 없는,
난 적 없는 그것(the unborn)만이 있다.
타자와 타자는 실체가 없으니,
둘 사이에는 꾸며낼 수 없는, 난 적 없는 그것만이 있다.

족첸 폰롭 린포체, 이균형 외 역, 《티벳 사자의 여행 안내서》

의식이 깨어날수록 깨어 있는 의식적인 인간관계가
삶의 중요한 중심축이 됩니다.
에고들 간의 협상으로서가 아니라
가슴과 가슴 사이의 공명으로서 약속이 맺어지면,
그 인간관계는 생명을 얻습니다.

맷 칸, 유영일 역, 《사랑 사용법》

19

지금 우리는 당신에게,
당신의 걱정거리 대부분은
실재가 아니라는 사실을 거듭 강조하고 있다.

롭상 람파, 이재원 역,《롭상 람파의 가르침》

상대적인 고요함 속에서,
당신의 우선순위와 신념체계와 분자들이 재배열된다.
당신은 거짓된 삶의 마지막 잔재들을 발견하고,
이제는 세상일에 허위적으로 가담하지 않겠다고 결심한다.
이 단계는 자신이 원하는 모습과 현실을 선택할 수 있는
결정적 반환점이다.

페니 피어스, 김우종 역, 《감응력》

에고는 차이라면 좋아라 합니다.
차이가 없다면 어떻게 판단을 할 수 있겠어요?
차이가 없다면 어떻게 전쟁을 벌이고
살인을 하고 폭력을 행사할 수 있겠어요?
그래서 에고는 당신이 목격하는
이 모든 분리를 당신이 사실로 여기길 원합니다.
에고에게 바치는 당신의 이 믿음이
에고에게 힘을 부여합니다.

개리 레너드, 강형규 역, 《사랑은 아무도 잊지 않았으니》

12

죽다 살아난 블랙아웃 경험은
그동안의 인생 가치관을 과감하게 바꾸는 데
큰 도움이 되었다.
나는 나의 심장을 뛰게 하는 것이 무엇인지,
어떤 삶이 나에게 의미 있는 삶인지를
곰곰이 생각하기 시작했다.
지금까지 전혀 보이지 않던 것이 눈에 들어오기 시작했다.

김선영, 《삶이 나를 어디로 데려가든》

당신이 비참한 기분에 휩싸여 있을 때는
당신이 비참함을 느끼는 내용물이
정말 진짜 같고 중요한 것처럼 보인다.
하지만 그렇지 않다면?
거기에 고유한 의미가 전혀 없다면?
그것은 그저 당신이 원래 느낄 수 있었던
충만함과 거대한 쾌락에 무감하도록 만드는
수단에 불과하다면?

캐럴린 엘리엇, 김정은 역, 《킹크》

13

에고가 외부의 세상에서 나의 정체성을 끌어모아
이상적인 인간을 만들어내려 했다면,
사랑의 창조는 우리 내면에 이미 있는
영혼의 빛을 있는 그대로 표현하는 거예요.

김설아, 《하루의 사랑작업》

만약 '이야기'를 모두 잘라낸다면
'나 자신'으로 남게 되는 것은 무엇인가요?
내면의 의식의 공간에 주의를 기울이는 데 익숙해질수록
과거는 서서히 그 영향력을 잃을 것입니다.
여러분은 더욱 생기가 넘칠 것이며
현존감을 더 깊이 느끼게 될 것입니다.

무지, 서상혁 외 역, 《드높은 하늘처럼, 무한한 공간처럼》

다른 사람들을 곁눈질하지 않고
자기 자신에게로 돌아오는 것이 신에게로 가는
진정한 길이다.
남들의 눈치를 볼 필요성에서 벗어나면,
모든 것이 만족스럽고 에고는 사라지며
단지 총체적인 온전한 개성이 남는다.

바딤 젤란드, 박인수 역, 《트랜서핑의 비밀》

15

에고가 소멸을 두려워하는 것도 이해가 되지요.
우주의 의지에 굴복하는 건
죽음에 대한 두려움에 버금가는,
인간이 가진 궁극적인 두려움이에요.
하지만 에고는 그저 환상에 지나지 않는다는 것,
사실 당신은 전체로부터 단 한 번도
분리된 적이 없었다는 것을 잊지 말아야 해요.

타니스 헬리웰, 정승혜 역, 《몸의 정령 헨리》

15

"항상 자신의 가슴에서 나오는
이끌림 또는 느낌을 따르세요.
당신이 당신 존재의 중심에 집중하면 할수록
가이드에 대한 인식은 더욱 명확해지고 강해집니다.
그렇게 되면 당신은 존재 중심에서 나오는 자력을
느끼게 됩니다."

피터 마운트 샤스타, 이상범 외 역, 《마스터의 제자》

마음 바탕이 밝으면
어두운 방 안에서도 푸른 하늘이 보이고,
마음속 생각이 어두우면
밝은 햇빛 아래에서도 악마가 나타난다.
—《채근담》

황웅근,《마음세탁소》

16

이제 이 동굴은 그대의 것이다.
그대는 내면의 소리에 자기 자신을 더욱 완벽하게
조화시켜야 한다.
우리한테는 세상 전체가 동굴이고 밀림이다.

바바 하리 다스, 류시화 역, 《성자가 된 청소부》

자아란 끊임없이 투사되는 기억과 경험의 다발에 불과해.
그래서 자아는 자기 생각과 경험에 사로잡혀 있고
이것이 마음을 구성하지.
이것을 알아보지 못하고 이해하지 못할 때
두려움이 생겨나지.
그리고 두려워할 때 희망을 찾게 되고.
이렇게 희망과 두려움은 마음 안에서 대립 쌍을 이루고,
늘 현존하는 실재는 드러날 수 없게 돼.

맥도널드 베인, 강형규 역, 《영원한 진리를 찾아서》

당신이 어떤 일을 이루고자 할 때,
그 일을 생각할 때 설렘이 있는지 살펴보십시오.
설렘은 생각이 아닙니다.
생각이 사라진 텅 빈 의식에서 일어나는
생명의 에너지입니다.

정명호,《욕망을 이롭게 쓰는 법》

존재하는 것은 시작과 끝이 있고
그 끝은 또 다른 존재의 쳇바퀴를
시작하는 출발점이 되는 것이지.
그러나 영원한 실체로서의 우리는 그저 '있을' 뿐이야.
우리는 늘 있어왔네.
우리가 자아의식을 가지게 되는 것은
존재의 쳇바퀴를 통해서지.

키리아코스 C. 마르키데스, 이균형 역, 《지중해의 성자 다스칼로스 1》

네게 심상화 활동을 감독하고,
의식적으로 조종하는 연습법을 하나 알려주마.
첫 번째 단계는 자신이 하려는 것,
또는 하고 싶은 것이 무엇인지 확실히 정하는 것이란다.
두 번째 단계는 자신이 하려는 것을 되도록 간결하고
명확하게 서술하는 거야. 이것을 종이에 적으렴.
세 번째 단계는 눈을 감고, 네 열망 혹은 계획이
완료된 장면을 '보는 것'이란다.

고드프리 레이 킹, 이상범 외 역, 《베일 벗은 미스터리》

여러분은 자신의 참모습을
망각하게끔 설정되어 있었습니다.
이원성의 모든 측면을 샅샅이 경험하기 위해서는
지상의 삶이라는 드라마의 특정한 배역 속으로
자신의 의식을 좁혀 들어가게끔 되어 있었습니다.
그리고 여러분은 그 배역을 잘 연기했습니다.
자신의 배역에 너무나 몰입한 나머지
애초에 이생의 쳇바퀴 속으로 들어왔던
목적과 목표를 까맣게 잊어버리긴 했지만요.

파멜라 크리베, 이균형 역, 《예수아 채널링》

마음은 끊임없이 지껄이느라 바쁘다.
마음의 통제가 조금 약해지면 그 틈을 타서
직관적 지식과 느낌이
의식 속으로 뚫고 들어갈 수 있게 된다.
그것을 내면의 목소리라고 부르기도 한다.
마음이 느슨해지면 그 순간에
당신은 영혼의 느낌이나 앎을 감지하게 되는 것이다.
생각 없는 사유, 소리 없는 소리이다.
생각하지 않고 직감으로 느낀다.

바딤 젤란드, 박인수 역, 《리얼리티 트랜서핑 1》

인간은 자신을 위해 아름다운 삶을 지어낼
모든 잠재력을 지니고 태어나지만
스스로 자신의 이기적 욕망과
미워하는 마음에 빠져듦으로써
불행의 감옥을 만들어 자신을 가두고 있는 것이다.
그 감옥은 그가 마침내 **존재의 진실**을
깨닫는 순간이 올 때까지 빠져나갈 수 없다.

기록자 받아씀, 이균형 역, 《그리스도의 편지》

20

침묵은 권능입니다.
성서는 이렇게 말하고 있습니다.
'침묵 속에서 자신의 신 됨을 알라.'
흐트러진 힘은 소음이고, 집중된 힘은 침묵입니다.
우리는 집중을 통해서 우리가 가지고 있는
모든 힘을 한곳에 모을 수 있습니다.

베어드 T. 스폴딩, 정창영 역, 《초인생활(탐사록)》

고요한 가운데 그저 바라보세요.
그러면 그 관찰자가 에고가 아닌,
순수한 '나'라는 것을 알게 될 것입니다.
에고에게도 지켜보는 능력이 있지만,
에고는 이해타산을 따져가며 지켜봅니다.
이를 깨닫는 순간, 에고 뒤로 더 깊은 공간이 열리고
우리는 순수한 관찰자의 위치에 자리하게 됩니다.
현존 의식입니다.

무지, 서상혁 외 역, 《드높은 하늘처럼, 무한한 공간처럼》

하고 싶은 일이 무엇인지 알 수 없다면
자신의 마음속에 수도를 놓으면 된다.
그렇게 해서 '관'이 동기가 샘솟는 가슴속 저 깊은 곳에
이어지기만 한다면,
자신이 진정으로 하고 싶은 일들이
내면에서부터 자연스럽게 콸콸 솟구쳐 오를 것이다.

마사키 다카시, 김동준 역, 《출아메리카기》

얼핏 잠에서 깬 샤오 리는 밤하늘을 올려다보고
달과 별들과 어둠 속에서 들리는 모든 소리를
끌어안기 시작했어요.
홀로 고정된 것은 아무것도 없었고,
모든 것은 서로에게 녹아들어 있었어요.
절정을 경험한 샤오 리는 우주를
다시는 예전처럼 생각할 수 없었답니다.

개리 레너드, 강형규 역, 《예수와 붓다가 함께했던 시간들》

여러분의 가슴 안에 살아 있는 진리를
세상과 타협하려 하지 마세요.
사람들이 나를 어떻게 보는지, 또 무슨 말을 하는지
걱정하지 마세요.
우리 자신의 내적 스승인 절대자가 우리 가슴 안에 있으니
바깥세상에 대해서는 너무 신경 쓰지 마세요.

무지, 서상혁 외 역, 《드높은 하늘처럼, 무한한 공간처럼》

물리학의 모든 기본법칙은 '보편적(universal)'이어서
공간과 시간의 조건과 상관없이 온 우주에 두루 적용된다.
이러한 보편성은 너무나 명백하고
당연하게 느껴지기 때문에,
우리는 우리의 온 우주와 그 안에서 나타나는 모든 현상이
본래부터 속속들이 서로 연결되어 있다는
엄청나게 심오한 이 사실을 곧잘 망각해버리곤 한다.

쥬드 커리반, 이균형 역,《코스믹 홀로그램》

가슴으로부터 그림을 그리면
거의 모든 것이 착착 들어맞지만,
머리로부터 그림을 그리면 대부분이 어그러지고 만다.
— 마르크 샤갈Marc Chagall

페니 피어스, 김우종 역, 《감응력》

책임은 우주 시스템에 있는 것이 아니라,
전부 자기 자신한테 있는 것이다.
왜냐하면, 우주가 저를 고립시킨 것이 아니고
자기가 제멋대로 고립되었다고 생각한 결과
온갖 장애가 생긴 것이다.
"내게로 돌아오라, 그러면 나도 너에게 돌아가리라"라고
주(lord)는 말하였다.

베어드 T. 스폴딩, 정진성 역, 《초인생활 2(강의록)》

1◆뿌리 7◆왕관

삶이 집약된 '카르마 지도'와
삶의 방향을 바로잡아줄 '내면의 나침반' 중
하나를 가질 수 있다면 무얼 택할 것인지를 묻곤 한다.
삶의 지도를 갖고 싶은 사람도 있겠지만,
사실은 나침반을 갖는 편이 확실히 나은 선택이다.
지도가 있어도 우리는 길을 잃는다.
하지만 나침반이 있으면 길을 잃지 않는다.

크리스토퍼 M. 베이치, 김우종 역, 《윤회의 본질》

본연의 자리는 마음의 고향과 같다.
이 자리에 머물러야 편안함과 평화가 느껴진다.
본연의 자리는 우주로부터
내가 분리되지 않았음을 느끼는 자리이기에
충만한 사랑과 평온이 느껴진다.
어떤 문제라도 희석되고, 매우 큰 아픔이라도 용해된다.

황웅근, 《마음세탁소》

25

"이를테면 그 노래 있잖습니까. 그것들은 뭘 의미합니까?"
"그게 뭘 의미하는지는 오직 자네만이 알 수 있어.
내가 자네에게 그 의미를 가르쳐준다면,
자넨 누군가 다른 사람의 노래를 배운 것밖에는 안 돼."

카를로스 카스타네다, 김상훈 역, 《돈 후앙의 가르침》

모든 것을 알고 있는 참 존재의 한 측면이 있다.
다만 당신이 아직 그 측면을 자각하지 못하고 있을 뿐이다.
현존은 당신이 겪는 모든 경험을 지켜보는,
말 없는 목격자이다.
현존은 이들 경험의 매 순간을
마치 지금도 일어나고 있는 것처럼 모두 기억한다.

마이클 브라운, 이재석 역, 《현존 수업》

여러분은 누구나 낱낱의 인간 자체(individual)이지
인간의 외적인 틀(personality)이 아닙니다.
여러분은 자유 의지를 가진 사람이지
자동 인형이 아닙니다.

베어드 T. 스폴딩, 정창영 역, 《초인생활(탐사록)》

의식이라는 거대한 스크린에 나타난 한 장면이
바로 우주 삼라만상이라네.
분리된 정체성으로 사는 '개아'가
이 절대배경과 하나가 될 때 현존을 자각할 수 있다네.

카밀로, 《시크릿을 깨닫다》

나 자신이 근원의 사랑임을 깨달을 때
나는 내가 가장 사랑하는 일을 찾게 된다.
사랑하는 일을 하기 때문에 즐겁다.
즐겁기 때문에 애쓰지 않고도 가장 잘할 수 있다.

김상운, 《거울명상》

분열된 생명이
가장 깊은 진실을 드러낼 때,
우리는 우리가 모든 생명과 공유하고 있는 그것이야말로
우리의 가장 진정한 정체성임을 거듭 깨닫게 된다.

크리스토퍼 M. 베이치, 김우종 역, 《윤회의 본질》

28

삶의 위대한 신비가 세 개 있다.
새에게는 공기가 신비다.
물고기에게는 물이 신비다.
사람에게는 자기 자신이 신비다.
— 불교 전통의 금언

개리 레너드, 강형규 역, 《예수와 붓다가 함께했던 시간들》

자신에게서 모든 존재들을 볼 수 있는 자,
모든 존재에게서 자신을 볼 수 있는 자,
그런 자에게는 두려움이 없다.

—— 이사 우파니샤드Isa Upanishad

타니스 헬리웰, 정승혜 역, 《몸의 정령 헨리》

29

너희는 대자연과 창조주가 최초에 의도했던 바와 같이
그 자체로 완전한 존재이다.
완전함이란 자신만의 개성이자
자기 자신과 일치하는 상태다.
일치가 이루어지는 곳에 조화가 생긴다.

바딤 젤란드, 정승혜 역, 《여사제 타프티》

현존의 달 주간 명상

첫째 주 ◇ 숨과 숨 사이 멈춤 호흡 명상

편안하게 호흡하며 천천히 숨이 다 뱉어지는 끝점과
새로운 숨이 들어오기 직전의 텅 빈 찰나에서 쉬어보세요.
숨과 숨 사이 고요한, 그 충만을 자각해보세요.

둘째 주 ◇ 오케이 무드라(손동작) 명상

인도 오랜 전통의 기얀Gyan 무드라로 활력을 주고
몸의 긴장을 풀어줍니다.
엄지와 검지로 'OK' 사인을 만들고,
손가락이 닿는 순간 지금 여기 있음의 자리를 자각합니다.

셋째 주 ◇ 나무와 연결 명상

무심코 지나쳤던 나무에 손바닥을 대고, 천천히 호흡합니다.
대지와 하늘을 품고 자란 나무를 통해
분리 없는 원초적 공명을 느껴봅니다.

넷째 주 ◇ 빛 샤워 명상

숨을 크게 마시면서 부드러운 빛이 쏟아져 들어온다고
심상한 후 숨을 내쉽니다.
쏟아진 그 빛 속에 점점 흡수되며
나는 본래 무한한 빛임을 느껴봅니다.

3월 March

깨어남의 달　　　　　겨울잠에서 깨어나듯 자기 본성을 자각하다

현존의 달   단 한 번도 분리된 적 없는 현존의 자리를 더 깊이 자각하다

깨어남의 달 주간 명상

첫째 주 ◇ 호흡을 있는 그대로 알아차림

일어나는 호흡 그대로를 지켜보며
존재의 자리에서 쉬어봅니다.
호흡이 짧으면 짧은 대로, 거칠면 거친 대로,
있는 그대로 바라봅니다.

둘째 주 ◇ 깨어서 즐기는 청소 명상

무의식적으로 청소하던 습관을 벗고 청소 자체를 즐겨봅니다.
과정 자체를 알아차림하며 몸의 움직임과
공간의 변화를 깨어서 함께해봅니다.

셋째 주 ◇ 텅 빈 하늘 자각하기

매초마다 변하는 구름 너머의 텅 빈 하늘을 바라봅니다.
우리 마음도 이와 같아 생각이라는 구름 뒤로
파란 하늘이 늘 있음을 자각해봅니다.

넷째 주 ◇ '나는 누구인가' 통찰 명상

내 몸, 가치관, 직업 등은 변하고 사라지기 마련입니다.
이것이 '나'라는 이름표를 버리고,
이 오고 감을 지켜보는 의식 자체에 머물러 봅니다.

세상에 도움이 되지 않는 감정은 없다.
감정적으로 강하다는 말은 감정에 고착되지 않고,
그 순간 일어나는 감정을
통과해 지나갈 수 있다는 뜻이다.

아테나 라즈, 김정은 역, 《나는 왜 그런 꿈을 꾸었을까》

나는 '머릿속 목소리를 지켜보는 나'가
누구인지를 알고 싶어서 이 여정을 시작했다.
나는 지켜보는 자의 본성을 깨닫고 싶었다.
가장 깊은 내면에 존재하는 진정한 자아를.

마이클 A. 싱어, 김정은 역, 《될 일은 된다》

나는 나의 어둡고 파괴적이고 뒤틀리고 두려운 힘을
완전히 마주 보고 경외감과 감사함에 휩싸여
깊숙이 인사했다.
나는 이 깊은 감사와 수용 연습을 지금도 계속하고 있다.
삶은 여전히 삶이다.
변한 건 삶에 영향을 끼칠 수 있는 힘이
나에게 있다고 믿게 된 것뿐이다.

캐럴린 엘리엇, 김정은 역, 《킹크》

본래 텅 빈 그대 자신의 마음이 곧 붓다임을 깨닫고,
그것이 곧 그대 자신의 참된 의식임을 알 때
그대는 붓다의 마음 상태에 머물게 되리라.

파드마삼바바, 류시화 역,《티벳 사자의 서》

고통과 불편에 대한 당신의 태도가 점차 변화해간다.
이제 당신은 더 이상 이런 일들을
당신의 영토를 침공해오는 적군처럼 대하지 않는다.
당신은 말을 듣지 않는 아이를
자신의 무조건적인 현존으로써 부드럽게 달래주는
어머니와 같은 태도로 고통과 불편에 다가간다.
이렇게 하면 당신의 내면에는
갑옷과 무기 대신 에너지를 통합시키는 능력이 생겨난다.

마이클 브라운, 이재석 역, 《현존 수업》

위대한 작업의 과정은
깨달음이라고도 알려진 여정과 동일하다.
한마디로 말해 자신이 처량하고 고립된 개인이라는
뼛속 깊은 동일시에서 점점 벗어나
신이라는 거대한 대양의 파도임을 깨달아가는 과정이다.

캐럴린 엘리엇, 김정은 역, 《킹크》

몸을 편안히 이완시키는 방법을 터득해보세요.
내면에서 출렁이는 감정의 파도가
편안한 느낌이 들지는 않을 테지만,
당신이 느끼는 감정의 주변에 있는 모든 것을
의식적으로 편안히 이완시키면
어떤 일이 일어나는지 살펴보십시오.

맷 칸, 유영일 역, 《사랑 사용법》

우리는 분리되고 고립된 개인으로서,
어떤 특정한 육신에 갇힌 채로
자신과 별개인 어떤 세상을 돌아다닌다고 생각한다.
그러다 드디어 깨어남을 경험한다.
여전히 우리는 같은 세상을 돌아다닌다.
하지만 우리는 이제 자신이 어떤 특정한 몸이나
인격에 한정된 존재가 아니며,
사실은 주변 세상과 분리되어 있는 것도
아니라는 것을 알고 있다.

아디야샨티, 정성채 역,《깨어남에서 깨달음까지》

분노든 욕망이든 질투든,
가공되지 않은 자연 그대로의 느낌을
경험하는 것이 중요하다.
그것은 어떤 느낌인가? 그것은 어떤 맛인가?
우리는 보통 이런 경험을 온전히 맛보지 않는다.
반대로 그 경험에 접어들려는 순간 도망쳐버리거나,
아니면 관념과 생각으로써
그것을 뭔가 다른 것으로 완전히 바꿔놓는다.

족첸 폰롭 린포체, 이균형 외 역, 《티벳 사자의 여행 안내서》

현대인은 잠든 채로 살아간다네.
잠든 채로 태어나서 잠든 채로 죽는 거지….
'잠'이야말로 우리라는 존재의
가장 중요한 특성이라는 사실을 떠올린다면,
그 즉시 자네도 뚜렷하게 알아차릴 수 있을 거야.
인간이 정말로 지식을 얻기를 원한다면,
우선 그런 잠에서 어떻게 깨어나야 할지부터
생각해야 한다는 사실을 말이야.

존 설리, 김상훈 역, 《인간이라는 기계에 관하여》

당신에게 영향을 미치는 문제가
어느 정도의 크기인지는
당신의 진화 상태에 달려 있습니다.
당신의 어깨엔 짐이 놓여 있어요.
어떻게 반응할지는 본인이 결정할 문제입니다.
만일 어깨를 펴고
'이건 내가 감당할 몫이야.
기꺼이 지고 가겠어'라고 말한다면,
그 짐이 가벼워집니다.

실버 버치, 김성진 역, 《실버 버치의 가르침》

6◆제3의 눈 7◆왕관

깨어나지 않고 살아갈 때는
인생 전체가 시나리오를 따라 흘러간다.
펜듈럼은 당신을 움켜쥐고
균형력은 시나리오를 따라 움직일 것이다.
하지만 잠에서 깨어나는 순간
당신은 시나리오에서 떨어져 나오며,
의식을 가지고 독립적으로 행동할 수 있게 된다.

바딤 젤란드, 정승혜 역, 《타프티가 말해주지 않은 것》

25

아, 고귀하게 태어난 자여,
무섭고 두려운 어떤 환영이 눈앞에 나타날지라도
그것들이 자신의 마음에서 투영되어 나온 것임을
분명히 알아야 한다.
이 중요한 비밀을 잊지 말라.

파드마삼바바, 류시화 역, 《티벳 사자의 서》

자신에게서 각본을 분리시키는 순간
당신의 시각은 이차원에서 삼차원으로 변하고,
좋은 것과 나쁜 것 말고도
그 중간에 있는 것들이 보이기 시작해요.
상처받은 감정의 필터를 거치지 않고서도
모든 진실을 있는 그대로 볼 수 있게 되거든요.

타니스 헬리웰, 정승혜 역, 《몸의 정령 헨리》

답은 아주 간단하네. 도망치면 안 돼.
공포를 무시하고, 공포에도 불구하고
배움의 다음 단계로 나아가는 거지.
한 번 공포를 쫓아버리고 나면
그는 남은 일생 동안 그것으로부터 자유로워지네.
왜냐하면 그는 두려움 대신 명료함을,
즉 두려움을 지워버리는 명료한 마음을 얻었기 때문이지.

카를로스 카스타네다, 김상훈 역, 《돈 후앙의 가르침》

붓다가 '나는 깨어 있다(awake)'고 말했을 때,
그는 자신이 사실 이 환영에 참여하는 자가 아니라
이 모든 환영을 지어내는 자임을 깨달았다는 뜻입니다.

개리 레너드, 이균형 역, 《우주가 사라지다》

우리가 어둠을 빛으로, 혹은 악을 선으로
변성시키는 것이 목적이라고
말하지 않았다는 사실에 주목하세요.
여러분의 여행의 진정한 목적은
빛이 어둠을 정복하게 하는 것이 아니라
이 양극을 넘어서 새로운 종류의 의식을
창조해내는 것입니다.
이 의식은 빛과 어둠이 양쪽 다 존재하는 가운데서도
일체성을 유지할 수 있습니다.

파멜라 크리베, 이균형 역, 《예수아 채널링》

1◆뿌리 7◆왕관

'존재'의 **진정한** 본성이 온전히 이해될 때
인류는 영적 진화의 다음 단계로 옮아갈 것이다.
이 목표를 성취하려면 인류는 먼저
자신이 **무엇**이고 **누구**인지에 대한 통찰을 얻어야만 한다.

기록자 받아씀, 이균형 역, 《그리스도의 편지》

22

양극이 실은 하나였다는 사실을 알게 될 때,
불화는 조화로 녹아들고, 투쟁은 춤이 되며,
오랜 숙적은 연인이 된다.
그렇게 되면 우리는 우주의 절반이 아니라,
우주의 모든 것과 친구가 된 자리에 있게 된다.

켄 윌버, 김철수 역, 《무경계》

인간은 자신의 모습이라고 믿고 있는
그 이미지를 본떠서 신을 지어냈었습니다.
하지만 신은 원래 자신의 이미지를 본떠서
우리를 지어냈지요.
완벽하고 순진무구하고 하나인 모습으로 말입니다.

개리 레너드, 강형규 역, 《그대는 불멸의 존재다》

당당하고, 매력적이고,
자존감이 높은 마음을 수용하듯이
소심하고, 자기를 미워하고, 자신감이 없는
마음도 똑같이 끌어안습니다.
소심함이 없으면 당당함도 없다는 걸,
미워하는 마음이 사랑의 마음에서 나온다는 걸,
열등감과 자신감이 같은 마음에서 체험된다는 걸
진정한 사랑은 알고 있으니까요.

김설아, 《하루의 사랑작업》

영적 깨어남은 하나의 '기억하기'이다.
즉 그것은 '우리가 아닌 어떤 존재가 되지 않기'이다.
그것은 우리가 오래전에 잘 알고 있었던 것을
그만 잊어버리기라도 한 것처럼,
우리가 누구인지를 기억해내기이다.

아디야샨티, 정성채 역, 《깨어남에서 깨달음까지》

감정은 플러스(+), 마이너스(-) 에너지의 움직임이다.
반드시 짝이 있다. 합치면 제로가 된다.
실제로는 존재하지 않기 때문에
서로 반대편 에너지를 빌려서
마치 존재하는 것처럼 생겼다가 합쳐지면 사라지는 것이다.
그래서 모든 감정을 다 받아들이면 마음은 텅 비어버린다.

김상운, 《거울명상》

12

지금 바로 잠에서 깨어나 자기 자신에게 질문해보거라.
'나는 누구인가? 무엇을 하고 있는가?
나의 주의는 어디에 연결되어 있는가?'
이 질문을 하는 순간 너희는 정신을 차리고
의식의 점에 있게 된다.

바딤 젤란드, 정승혜 역, 《여사제 타프티》

우리는 사랑하면서도 때로는 사랑하는 사람들을 증오한다.
또 사랑하는 사람을 믿으면서도 그가 안길지도 모를
상처와 아픔을 두려워한다.
성장을 위한 목표 중 하나는
긍정적인 느낌과 부정적인 느낌을 통합하는 능력이다.
즉 애정 어린 마음으로 미워하고,
실망과 분노의 순간을 인정하면서 사랑할 수 있어야 한다.

갈리트 아틀라스, 신동숙 역, 《침묵을 짊어진 사람들》

13

공성은 원시적 청정한 자각의식이고,
분별을 넘어선 깨어 있음의 상태이다.
우리는 이 본성에서 결코 떨어져 있지 않지만,
그것을 보지 못한다.
대신에 우리는 '나'라고 믿는 것,
자신이라고 생각하는 그것을 보게 된다.

족첸 폰롭 린포체, 이균형 외 역, 《티벳 사자의 여행 안내서》

18

당신의 무의식적 신념체계는
당신이 그것을 직면하지 않음으로써
거기에 있게 된 것입니다.
두려움의 사고체계에서 벗어나려면
삶 속에서 그것을 속속들이 들여다보아야 한다는 사실을
직면하게 하는 것 말고
그 무엇으로 사람들을 도울 수 있겠습니까?

개리 레너드, 이균형 역, 《우주가 사라지다》

홀로그램의 모든 부분들이
전체상을 담고 있는 것과 똑같이
우주의 모든 부분이 전체를 품고 있다.
이것은 우리가 접근할 방법만 안다면
왼손 엄지손톱에서 안드로메다 은하계를
발견할 수 있다는 뜻이다.

마이클 탤보트, 이균형 역, 《홀로그램 우주》

내면의 아이가 없으면
우리는 삶에서 많은 것들을 잃어버린다.
중량급 자아들에 자신을 동일시하라는 압박을
지속적으로 받게 될 것이기 때문이다.
중량급 자아들의 임무는 공격하거나 방어하고,
감정과 고통과 욕구의 표현을 피하는 것이다.
이들은 우리가 심층의 자아들을 만나지 못하게 한다.
내면의 아이를 발견하는 것은
진정, 영혼으로 향하는 입구를 발견하는 것이라 할 수 있다.

할 스톤 외, 안진희 역, 《다락방 속의 자아들》

15

거기에는 시간과 공간을 통한 이동이 아니라
그저 무한히 확장된 의식이 있었다.
나는 한 점의 의식이 되어 이 에너지 속을 떠다니면서
어떤 종류의 개성을 유지했지만
그와 동시에 완전히 용해되어 있어서
그 모든 것과 하나였다.

스타니슬라프 그로프, 유기천 역, 《초월의식》

16

나를 조건 없이 받아들여주고 사랑해줄 사람은
오직 나 자신뿐이라는 걸 인정하고,
성장하지 못한 채 내면에
웅크리고 있는 버림받은 어린아이들을
밝고 따스한 집으로 하나씩 데려오는 거예요.

김설아, 《하루의 사랑작업》

16

내가 그저 내 생각의 총합이라는 것은 사실이 아니지만,
대부분의 사람들은 자신이 그런 존재인 것처럼
삶을 살아갑니다.
우리는 의식이며, 생각들이 나타나고
인지되는 공간 그 자체입니다.
이 순수한 광대함이 우리 자신입니다.

무지, 서상혁 외 역, 《드높은 하늘처럼, 무한한 공간처럼》

위# 10월 October

10월 October

ham받아들임의 달

15

누적된 감정이 의식 표면으로 떠오르는 것은
이제 당신이 그것을 통합할 준비가 되었기 때문이다.
누적된 감정을 어떤 식으로든 조작하려고 하지 않고
그것들과 '함께하면' 그것은 통합된다.
이 불편한 느낌의 순간을
현존 수업 과정이 제대로 전개되고 있음을
알려주는 신호로 받아들이라.

마이클 브라운, 이재석 역, 《현존 수업》

4◆가슴 7◆왕관4◆가슴 7◆왕관

17

우주 의식 상태란 누군가 남의 행동을 지켜보는 것처럼
자신의 행동을 주시하는 상태이다.
그는 자연계가 상징적으로 보여주는 힌트,
즉 "자, 보라. 이것이 내가 작용하는 방식이니라"라는
것을 이해한다.
그는 "위에서와 마찬가지로 아래에서도 그렇다"는
의미를 이해한다.

이차크 벤토프, 류시화 외 역, 《우주심과 정신물리학》

무의식의 평온에 빠지지 않고
초의식의 꽃이 피어나기를

마음이 창조하는 갖가지 사념들로 흔들리지 않고
창조되지 않는 무성함이 내 안에 우거지기를.

라마 카지 다와삼둡, 유기천 역, 《밀라레파》

18

오로지 관찰이라는 행위만이
에너지의 물결을 우리의 주변 세계를 구성하는
물질 입자들로 붕괴시키고 있는 것이라면,
그것을 관찰하고 있는 것은 누구 혹은 무엇이란 말인가?
물리적 세계의 모든 물질이 창조되도록 촉매 역할을 하는
그 거대한 관찰자는 대체 누구란 말인가?

도슨 처치, 최경규 역, 《깨어 있는 마음의 과학》

뜬구름 잡는 듯한
일부 끌어당김의 법칙이 말하는 바와 달리
우리는 우리가 의식적으로 원하는 것을 거의 얻지 못한다.
우리는 언제나 무의식적으로 원하는 것을 얻는다.

캐럴린 엘리엇, 김정은 역, 《킹크》

19

당신 내면의 관찰자인 지켜보는 자가
당신을 돕게 하라.
당신 내면의 지켜보는 자는
결코 분리된 인격 따위가 아니다.
더 큰 자아인 내면의 관찰자는 배후에서
당신이 무엇을 하는지,
그리고 어떻게 하는지를 단순히 알아차리고 있다.

바딤 젤란드, 박인수 역, 《리얼리티 트랜서핑 1》

어려움에 처했을 때 화를 내거나 겁먹지 말고,
어떤 것에도 집착하지 않는 중립적 상태를 유지하면
세포 속에 갇혀 있던 에너지가 방출돼요.
이렇게 풀려난 에너지는
당신이 더 높은 의식을 향해 갈 수 있게끔 도와줄 거예요.

타니스 헬리웰, 정승혜 역, 《몸의 정령 헨리》

한 발짝만 물러나 보게.
지금 여기의 현실을 따라가지 말고
현실이 나타나는 배경으로 물러나서 바라보는
구경꾼의 시선을 가져보게.
그럼 자네의 집착이 보이기 시작할 거네.
그것이 보인다면 자네의 변형은 시작된 것일세.

카밀로, 《시크릿을 깨닫다》

점성학의 참된 목적을 이해하는 사람은
끊임없는 고락의 원천인 세속적 바람을 갖지 않으며
자신에게 주어진 상황에 대해서도 불만을 품지 않는다.
그는 오직 자신의 운명을 알고자 원하며
그것을 사랑하기를 배운다.

유기천, 《인간의 점성학 1》

21

현자들이 '나'를 없애려고 애쓰지 말고
단지 그것을 찾아보라고 권유하는 이유는
바로 이 때문이다.
'나'를 찾으려 할 경우, 발견하는 것은
언제나 '내가 없다'는 사실뿐이기 때문이다.

켄 윌버, 김철수 역, 《무경계》

우리가 어떤 사람이건 간에 겪어야 할 변화가 있다면
삶은 그 속으로 우리를 밀어 넣는다는 사실을
나는 확인했다.
그렇다면 질문은 이렇다.
우리는 그 힘을 자신의 변신을 위해
기꺼이 사용할 수 있는가?
나는 아무리 힘든 상황이라 할지라도
그 변화를 더 깊은 차원에서 소화해낼 수만 있다면
심리적 상처를 받지 않을 수 있다는 것을 목격했다.

마이클 A. 싱어, 김정은 역, 《될 일은 된다》

과거, 현재, 미래는 허상으로 존재한다네.
한데 이 모든 허상의 순간에도 변하지 않는 허상이 있다네.
그것이 '지금 여기'이지.
그것은 의식공간, 바탕의식, 순수의식, 내가 있음,
I am 등으로 표현되는 존재의 감각이며,
인식의 절대배경, 스크린 같은 것이라네.

카밀로, 《시크릿을 깨닫다》

꽃씨 속에는 앞으로 피어날 꽃의 완전한 모습이
세세한 부분에 이르기까지
이상적인 형상으로 간직되어 있습니다.
그것은 때가 되면 싹이 나고 자라서 꽃으로 피어납니다.

베어드 T. 스폴딩, 정창영 역, 《초인생활(탐사록)》

시간은 어디론가 흐르고 있는 것이 아니다.
그대로 존재하고 있는 것이다.
움직이고 있는 것은 시간이 아니라 물질이다.
우리가 공간 중에서 움직이면,
우리는 또한 시간축을 따라 움직이고 있는 것이다.
우리가 공간에서 완전히 정지할 수만 있다면,
시간이 전혀 흐르지 않는 것을 경험할 수 있을 것이다.

이차크 벤토프, 류시화 외 역, 《우주심과 정신물리학》

23

모든 일은 필요한 때 일어나도록 되어 있다.
당신은 이 여행을 경험해야만 한다.
당신은 바로 이 일을 경험하기 위해 태어났다.

말로 모건, 류시화 역, 《무탄트 메시지》

진리는 지금이 아니면 결코 존재하지 않는 거라네.
마음이 고요를 강제 받지 않고
스스로 고요해질 때 이것을 깨닫게 되지.
마음이 그 자신을 이해해서
스스로 고요해지면 진리가 '존재한다네.'
그때 생각과 생각하는 자, 경험과 경험하는 자의
이원성은 존재하지 않아.
오직 경험만이 있을 뿐이며,
그 안에는 이원성도 저항도 없네.

맥도널드 베인, 강형규 역, 《영원한 진리를 찾아서》

당신은 삶의 영원한 지켜봄의 근원이며,
사랑만이 언제나 최종결정권자임을
보장해주는 감독입니다.
당신의 진화의 여정이 펼쳐지는 동안,
어디를 가든 품고 다녀야 할 강력한 말이 있습니다.
― '어떤 일이 일어나든 그것을 사랑하라.'

맷 칸, 유영일 역, 《사랑 사용법》

"윤회의 고리를 어떻게 '지금' '여기'에서 풀 수 있을까요?"
"1에 0을 곱하면 0이 되고
백, 만, 십억 등 아무리 크고 무한한 숫자에
0을 곱해도 0이 됩니다.
천년의 어둠이나 한 시간의 어둠이나
불만 켜면 바로 사라져 실상이 드러나듯이
한 생각이 빈 것임을 알게 되면 무량겁의 업 또한
있던 바가 없지요."

김열권, 《보면 사라진다》

결정하는 힘은 이 세상의 포로인
너에게 남겨진 유일한 자유다.
너는 세상을 바르게 보기로 결정할 수 있다.
—《기적수업》

개리 레너드, 강형규 역, 《그대는 불멸의 존재다》

인간의식의 가장 큰 착각은,
생각을 자신이 한다는 착각이야.
생각은 복잡하기 이를 데 없는 인드라망의 연동을 따라
상황마다 적절하게 나타나는 것일 뿐,
우리가 하는 게 아니네.

카밀로, 《시크릿을 깨닫다》

20

우리들 대부분은 자기 능력의 일부분만 사용하고 있을 뿐,
마음이 물질을 만들어낸다는 사실조차 알지 못하고 있다.
당신은 이미 생각을 물질로 변화시키고 있다.
날마다 무의식적으로 말이다.
이제는 그것을 체계적이고 계획적으로 할 때가 되었다.

도슨 처치, 최경규 역,《깨어 있는 마음의 과학》

마음이 지금 이 순간에 머물기 위해서는
지금 이 순간의 나를 있는 그대로 받아들여야 한다.
두뇌 속에서는 끊임없이 생각이 돌아간다.
95퍼센트 이상이 과거나 미래에 관한 생각이다.
거울을 통해 내 몸을 객관적으로 바라보면
나는 몸을 벗어난 자유로운 마음이 된다.
그럼 두뇌에서 생각이 돌아가지 않게 된다.
나는 텅 빈 근원의 마음이 된다.

김상운, 《거울명상》

현명한 사람은 자신의 별을 다스리고
어리석은 사람은 자신의 별에 복종한다.
— 토마스 아퀴나스Thomas Aquinas

유기천, 《인간의 점성학 1》

13

당신은 지금 여기가 아닌
다른 시대와 공간을 바라봄으로써
몸의 인식과 내적 과정으로부터 소외당한다.
당신의 의식은 먼 곳에 있으므로
영혼에서 나오는 통찰, 가르침, 교훈을 받지 못한다.
그것들은 당신의 몸을 매개로 흘러나오는데,
당신은 그 몸 '안'에 머물고 있지 않기 때문이다.

페니 피어스, 김우종 역, 《감응력》

18

사람들은 자신이 살아 있다고 생각합니다.
하지만 사실은 그렇지 못합니다.
자신을 발견할 때만
그들은 진정으로 살아 있게 될 것입니다.
마음의 신성한 유산을 자유롭게 조절할 때에야
비로소 삶의 달인이 될 수 있을 겁니다.

키리아코스 C. 마르키데스, 이균형 역, 《지중해의 성자 다스칼로스 2》

농담으로라도 네 입에서 파괴적인 말이
나오지 않도록 하렴.
네가 시간 없음의 차원에서
삶의 매 순간순간 창조하는 힘을 다루고 있음을,
그리고 언제나 그 힘에 자신만의 속성을
부여하고 있는 사람임을 기억하렴.

고드프리 레이 킹, 이상범 외 역, 《베일 벗은 미스터리》

매력의 비밀은 영혼과 마음의 일치에 있다.
사람이 자신에게 만족하고
자기를 사랑하며 자기가 좋아하는 일을 한다면
그에게서는 내면으로부터 빛이
방사되어 나오는 것처럼 느껴질 것이다.
그래서 사람들은 불을 향해 달려드는 나방처럼
매력 있는 사람에게 이끌리는 것이다.

바딤 젤란드, 박인수 역, 《트랜서핑 타로카드》

4◆가슴 7◆왕관

15

공원을 걷는 동안 몸은 공원에 있을지라도
마음은 사무실에서 일하거나 집에 있을 수도 있다.
이는 몸과 마음이 단절되어 있다는 뜻이다.
이렇게 하는 대신, 꽃을 볼 때는 정말로 꽃만 보라.
꽃의 도움을 받아 마음을 공원으로 다시 가져오라.
마음과 몸을 다시 연결해주는 감각적인 경험에 감사하라.

텐진 왕걀 린포체, 홍기령 역, 《티베트 꿈과 잠 명상》

16

진리가 나 자신과 부조화하면
경전을 암기한들 무엇하리오.

라마 카지 다와삼둡, 유기천 역, 《밀라레파》

16

몸에다 의식의 닻을 내려놓는 법을 깨우칠 때
육체적 현존의 체험이 일어난다.
많은 이들이 자신의 몸을 자기가 점유하고 있다고 믿지만,
사실은 거의 그렇지 못하다.
생각 속에서 깊이 헤매고 있을 때는
눈앞에서 벌어지는 일도 전혀 의식하지 못한다.

마이클 브라운, 이재석 역, 《현존 수업》

15

세상을 마스터하는 것은
오직 세상 속에서만 가능한 것이야.
자네는 다른 이들이 어떻게 살며
어떤 감정을 느끼는지 알아야 하고,
그들을 향한 자비심을 더 키워야 하네.
인류가 직면하는 모든 시험과 도전을
자네도 똑같이 직면해야만 하는 이유가 바로 이것이네.
기억하게, 자신과 가슴과 동조되어
그 신호를 따르면 모든 일이 잘 풀릴 것이네.

피터 마운트 샤스타, 이상범 외 역,《마스터의 제자》

2◆천골 4◆가슴

17

고도로 훈련된 정신 상태를 제외하고
생각을 중단하기란 불가능하다.
그러나 생각으로부터 주의를 돌리는 것은 가능하다.
그 한 가지 방법은 신체의 감각에 집중하는 것이다.
정신이 과거와 미래를 넘나드는 동안
육체는 나로 하여금 지금 이곳에
정박해 있을 수 있게 해주기 때문이다.

앤드류 와일, 김옥분 역, 《자연 치유》

번뇌를 떠난다는 것은 번뇌를 통해서 가능한 것이다.
삶과 죽음을 초월한다는 것도 마찬가지다.
삶과 죽음을 통해서
그것을 초월한 세계로 갈 수 있는 것이다.

정태혁, 《붓다의 호흡과 명상 1》

18

사물이 순리대로 오면 물리치지 말고
사물이 이미 가버렸으면 다시 생각하지 말라.
몸이 좋은 때를 만나지 못했으면 바라지 말고
일이 이미 지나갔으면 다시 생각하지 말라.
—《명심보감》

황웅근,《마음세탁소》

13

외부 세계를 있는 그대로 바라보는 법을 배우고,
타인을 타인의 필요에 맞춰 다룰 수 있으며,
우리가 타인에게 대우받고 싶은 것처럼
타인을 대우할 수 있고,
타인이 우리에게 기대하는 역할을
의식적으로 수행할 수도 있는 것이다.
내면적으로는 자기 자신을
그 어느 것과도 '동일시하지' 않으면서 말이다.

존 설리, 김상훈 역,《인간이라는 기계에 관하여》

19

"부정적 생각이나 감정의 자연적 수명은 90초이다.
우리가 화를 내는 순간
스트레스 호르몬이 온몸의 혈관을 타고 퍼져 나가는데,
90초가 지나면 저절로 완전히 사라진다."
그런데도 분노가 90초 이상 지속되는 건
우리 스스로 화에 기름을 붓기 때문이다.

김상운, 《왓칭》

내가 이들 대사들의 삶에서
깊은 영적인 의미를 깨닫게 된 것은
여러 해에 걸친 명상과 사색이 있은 후에야 가능했다.
그들은 꾸밈없는 어린아이와 같은
지극히 단순한 마음으로 자기들의 일을 수행해나갔다.

베어드 T. 스폴딩, 정창영 역, 《초인생활(탐사록)》

20

순간 속에 머문다는 것은
지금 일어나고 있는 일을 철저히 받아들이는 것을 의미한다.
지금 일어나고 있는 일을 좋아하거나
거기에 동의해야 할 필요는 없다.
세상은 언제나 좋기만 한 곳이 아니다.
하지만 순간의 진정한 경험은
당신이 그걸 좋아하든 싫어하든 간에
지금 일어나고 있는 진실을 직면하는 데서부터 시작된다.

마틴 보로슨, 이균형 역, 《1분 명상법》

8월 August

자신이 '삶을 살고 있는 개인'이 아니라
'살아지고 있는 삶 그 자체'임을
깨닫게 되면 참된 시각이 생깁니다.

무지, 서상혁 외 역, 《드높은 하늘처럼, 무한한 공간처럼》

21

영적 여행의 핵심은
현 순간에서 시작해서 현 순간에서 끝난다고 할 수 있다.
티벳 불교의 폭넓은 사상과 수행전통들이 모두
이 단순한 경지를 가리키고 있다.

족첸 폰롭 린포체, 이균형 외 역, 《티벳 사자의 여행 안내서》

나는 내가 하는 일 하나하나를
우주가 직접 내게 주문한 것처럼 대했다.
삶은 나로 하여금 영적인 자아관념을 내려놓게 만들었고,
나는 그 빈자리를 다른 것으로 채우지 않기 위해
언제나 깨어 있고자 했다.
나는 그저 무슨 일을 하건 그것에 온 마음을 쏟아부었다.

마이클 A. 싱어, 김정은 역, 《될 일은 된다》

22

생각이 일어나도, 당신은 그것들을 소유하지 않는다.
당신은 그것을 받아들일 수도 있고, 떠나보낼 수도 있고,
그것에 에너지를 보태주어 형태를 만들었다가
다시 떠나보낼 수도 있다.
그러니 지금 이 순간에 머물고, 유연해지라.
현실들이 왔다가 가도록 놓아두라.

페니 피어스, 김우종 역, 《감응력》

우리네 인간을 전구라고 한다면
참자아는 우리에게 전력을 제공하는 전기다.
우리가 모든 이들과 공유하는
이 전체의 근원과 더 깊이 동일시할수록
우리는 역설적으로 더욱 개성 있는 인간이 되어간다.

캐럴린 엘리엇, 김정은 역, 《킹크》

23

틈틈이 묻기:

나는 이 상황을 있는 그대로
관찰하고 있는가
아니면 이 상황에 대한 나의 느낌을
거기에 투사하고 있는가

융 푸에블로, 김우종 역, 《나는 나를 괴롭히지 않겠다》

8월 August

우주는 모든 계획을 가지고
우리가 각자 할 수 있는 임무를 주어 이 지구에 보내준다.
나는 나와 내 주변 사람들의 삶을 통해
이 사실을 매 순간 확인하곤 한다.

김선영, 《삶이 나를 어디로 데려가든》

쓰임새의 달

24

위빠사나 수행의 핵심은 알아차림에 있다.
알아차림이란 무엇인가?
그것은 단순히 지금 이 순간으로부터
흩어지지 않은 마음 상태이다.
마음을 흐트러뜨리지 않고 그 자체의 상태,
그것의 고유한 성질 속에서 쉬게 하면
이때 우리는 현 순간의 자각하는 상태에 있게 되는 것이다.

족첸 폰롭 린포체, 이균형 외 역, 《티벳 사자의 여행 안내서》

그녀는 당근 껍질을 벗기거나 콩을 삶거나 간에
자신이 하고 있는 일의 의미를 깊이 음미했으며,
손에 들린 콩알 하나라도 살아 있는
생명체로 여기게 되었다.
깎아낸 껍데기나 쓰레기도 전혀 버릴 것이 없었다.
그 모든 것이 퇴비로, 흙 속으로 돌아가야 했으며,
그렇게 해서 생명의 진동을 끊임없이
증가시키게 되는 것이었다.

피터 톰킨스 외, 황금용 외 역,《식물의 정신세계》

25

모든 소리가 오직 현재의 소리인 것과 똑같이,
모든 맛은 오직 현재의 맛이며,
모든 냄새도 현재의 냄새이고, 모든 광경 역시
현재의 광경이다.
다시 말해, 직접적이고 즉각적인 자각 속에는
어떤 과거도 미래도 없다.
직접적인 자각은 모두 무시간적인 자각이다.

켄 윌버, 김철수 역, 《무경계》

사람은 누구나 다양한 재능을 갖고 있다는 사실을
나는 새삼 깨달았다.
참사람 부족 사람들은 음악가와 치료사,
요리사, 이야기꾼 등으로
자신의 재능을 계발하면서 평생을 보냈으며,
새로운 재주를 익힐 때마다 새 이름과 지위를 얻었다.
나도 장난삼아 '똥 줍는 사람'이라는 이름을 택해,
처음으로 원주민들과 손잡고
내 재능을 계발하는 일에 참여했다.

말로 모건, 류시화 역, 《무탄트 메시지》

26

숨과 마음이 만나서 하나가 되면
숨을 쉬고 있다는 생각조차도 없어지게 된다.
마음의 지각 작용으로 숨을 감지할 수 있으나
숨과 마음이 함께하면 숨과 마음이
대립하지 않고 있으므로
숨이 곧 마음이요, 마음이 곧 숨이 되기 때문이다.
주체와 객체가 대립되지 않고 하나로 되면
주객의 구분이 소멸하는 것이므로
인식되는 것이 있을 수 없다.

정태혁, 《붓다의 호흡과 명상 1》

1◆뿌리 7◆왕관

자기완성을 이룬 사람들은
동물, 식물, 광물을 포함한 모든 존재와의
하나됨을 경험해요.
그들은 영의 목적을 이루기 위해
성격의 그릇을 사용해서 세상일을 해요.
하지만 그들에게 개인적 목표는 없어요.
그들은 자신만의 기호는 가지고 있되, 집착은 없어요.

타니스 헬리웰, 정승혜 역, 《몸의 정령 헨리》

27

왜 우리는 분리된 채로 살도록 강요받을까?
이런 기억상실의 목적은 뭘까?
그것은 배움을 가속화하기 위해서인 듯 보인다.
기억상실은 현재 맡고 있는 경험에만 집중하게 함으로써
배움의 과정을 촉진시킨다.
우리는 기억상실로 인해 '당분간' 우리 자신을
그저 현재의 육체와 성격으로만 인식한다.
이런 책략을 통해 우리의 에너지는
지금 이 순간으로만 투입된다.

크리스토퍼 M. 베이치, 김우종 역, 《윤회의 본질》

"이 여정을 걷는 게 무슨 소용 있나요?"
그러면 나는 이렇게 대답한다.
"여정이 당신에게 쓸모 있는 게 아니라,
당신이 여정에게 쓸모 있는 거지요."

파트릭 뷔렌스테나스, 이선주 역, 《연금술이란 무엇인가》

28

죽음은 내가 관여할 일이 아닙니다.
미래를 염려하는 것은 망상입니다.
현재 일어나고 있는 일,
그리고 지금 당신이 하는 말과 행동이 진실입니다.
이 진실에 충실하십시오.
삶과 죽음은 분리된 것이 아닙니다. 하나입니다.
하나인 현재를 놓치지 마십시오.

정명호, 《욕망을 이롭게 쓰는 법》

당신의 의도가 무의식에 뿌리내리면,
자신도 모르게 그 의도가 이루어지는 방향으로
움직이고 행동하게 됩니다.
결과는 당신이 관여할 일이 아닙니다.
당신의 역할은 심부름을 하는 것까지입니다.
결과는 텅 빈 '본연의 나'가 알아서 할 것입니다.

정명호, 《욕망을 이롭게 쓰는 법》

전체성의 시각으로 바라보면
'지금 여기'라는 유일한 인식의 무대에
과거, 현재, 미래의 모든 인연관계가 모여 있습니다.
과거를 회상하는 자리는 어딘가요?
지금 여기, 현재입니다.
미래를 떠올리는 자리는 어딘가요?
그것 역시 지금 여기, 현재입니다.
그러니 지금 여기 나타난 모든 것에 감사하는 것은
곧 미래에 대해 감사하는 것과 같습니다.

카밀로, 《당신의 현실에는 이유가 있습니다》

눈앞의 상황이 어떠하든 간에,
사랑은 모든 일이 당신에 '의해서'가 아니라
당신을 '통하여' 틀림없이 이루어지게 합니다.

맷 칸, 유영일 역, 《사랑 사용법》

'너희는 기도할 때 이미 받았다고 믿으라.'
이 말씀은 즉각적인 현재를 가리킵니다.
모든 것은 '지금' 존재합니다.
사실 명상이란
마음을 구성하고 있는 것을 지금 알아내는 일입니다.
잠시 뒤가 아닌 바로 '지금' 말입니다.

맥도널드 베인, 강형규 역, 《영원한 진리를 찾아서》

삶은 나를 통하여 할 역할이 있습니다.
그래서 난 그 역할을 하는 거예요.
나는 삶이 나를 통해 하는 역할과 하나로 이어져 있습니다.
역할은 쉬지 않고 매 순간 바뀌지만
나는 바로 거기에 이어져 있어요.
나는 더 이상 삶과 다투지 않습니다.

아디야샨티, 정성채 역, 《깨어남에서 깨달음까지》

31

당신이 순간적으로 초공간 속으로 도약하여
확장된 '지금 이 순간' 속으로 들어갈 때,
당신은 근원 주파수 속에 머물게 된다.
삶은 고요해지고 거의 시간의 제약을 받지 않는다.
삶은 당신의 에너지 수준과 감정적 경험에 맞춰 조율되고,
모든 일이 기적적으로 이루어진다.
이런 물질화는 더없이 효율적인 방식이다.

페니 피어스, 김우종 역, 《감응력》

쓰임새의 달 주간 명상

첫째 주 ◇ 매일 최초의 생각 자각하기

잠에서 깨어 의식이 선명해지기 전
가장 먼저 들어온 생각은 무엇인가요?
첫 생각을 자각하고, 그 생각을 맑고 명료하게 다듬어봅니다.

둘째 주 ◇ 천지인 — 하나됨 명상

편안하게 서서 발이 땅에 닿는 느낌과
서 있는 몸의 감각을 느껴봅니다.
숨을 마시며 하늘의 에너지를 받아들이고
숨을 뱉으며 대지와 연결된 몸을 자각해봅니다.

셋째 주 ◇ 잘하는 것에 주의 두기

무언가에 주의를 둔다는 건 그것에 에너지를 보태는 일입니다.
열 가지 단점 대신 하나의 장점에 주의를 두고 오늘을 살아보세요.

넷째 주 ◇ 대상이 사라진 본래 자리 자각 명상

눈앞에 보이는 한 가지 대상을 인식해봅니다.
'이것' 말고 다른 것들은 없는 것처럼 느껴보세요.
그런 다음 그 대상마저 버려봅니다.
그 즉시 남는 자각, 그 속에 머물러봅니다.

6월 June

호흡과 생명의 달 대지와 생명을 존중하고 자신을 낮추다

8월 August

쓰임새의 달　　　온 마음을 다해 펼치고, 결과는 오는 대로 받아들인다

호흡과 생명의 달 주간 명상

첫째 주 ◇ 코로 숨 알아차림 명상

숨을 마시면 코로 차가운 바람이 들어오고
내쉬면 따뜻한 숨이 코로 나가는 걸 알아차립니다.
강한 집중력이 생기고 공기의 고마움을 느낄 수 있을 것입니다.

둘째 주 ◇ 호흡과 함께하는 걷기 명상

걸음과 호흡을 함께합니다.
엄지발가락이 들릴 때 숨을 들이쉬고
발뒤꿈치가 바닥에 닿을 때 숨을 내쉽니다.
마음과 발을 일치한 채 깨어 있는 움직임으로 걸어봅니다.

셋째 주 ◇ 대지와 언제나 연결 명상

사무실, 학교 어디서든 걱정이 밀려오면
발바닥이 바닥에 닿는 감각을 느끼며 천천히 호흡합니다.
대지의 본래 있음의 안정감과 언제든 연결될 수 있습니다.

넷째 주 ◇ 인드라망 명상

책상을 바라보며 이 책상이 여기 오기까지 있었을
무수한 인연들을 떠올려보세요.
나무, 못, 사람, 트럭… 하나의 사물에도
온 우주가 상호 의존하고 있음을 통찰해봅니다.

마치 내가 '완벽의 우주'와 함께
한바탕 춤을 추고 있는 것처럼 느껴졌다.
당시에는 온전히 자각하지 못한 사실이지만,
짐스러운 '나'의 느낌을 없애는 데는
여러 시간 동안 앉아 영적 수행을 하는 것보다
나의 내맡기기 실험의 결과를 지켜보는 것이
훨씬 더 효과가 컸다.

마이클 A. 싱어, 김정은 역, 《될 일은 된다》

그들은 내게 말했다.
풀과 나무들은 우리 인간에게
소리 없는 노래를 불러 주고 있다고.
그것에 대한 보답으로 그 풀과 나무들이 바라는 것은
우리 역시 그들에게 노래를 불러 주는 일이라고.

말로 모건, 류시화 역, 《무탄트 메시지》

신은 숭배받기를 원하지 않을 것이다.
자녀들이 당신을 숭배할 필요가 있을까?
당신은 자녀와 친구처럼 지내기를 더 좋아할 것이다.
실제로는 삶의 목표와 신의 일을 하는 것 자체가
바로 공동 창조, 곧 신과 함께 창조하는 것이다.

바딤 젤란드, 박인수 역, 《트랜서핑의 비밀》

지구는 살아 있는 존재이고,
우리는 지구의 몸을 구성하고 있는 세포랍니다.
우리 각자가 신성한 계획에 맞춰지면
지구 전체도 똑같이 그렇게 맞춰지는 거예요.

타니스 헬리웰, 김민주 역, 《레프리콘과 함께한 여름》

'나는 왜 이 일을 하는가?'
이 일을 하지 않으면 견딜 수 없는 이유를 말하십시오.
당신이 즉시 명료하게 말할 수 있다면,
그 일은 이제 당신의 일이 아닙니다.
그 일은 전체의 일이 되었습니다.
그리고 그 일은 이미 이루어졌습니다.

정명호, 《욕망을 이롭게 쓰는 법》

내가 이 꽃을 만진다는 것은 곧
무한성을 만진다는 것입니다.
식물은 인간이 이 지구상에 생겨나기
훨씬 이전부터 존재해왔었고,
또 앞으로도 계속 그럴 것입니다.
나는 꽃을 통해,
언제나 침묵하고 있지만
분명히 존재하는 무한성과 대화를 나눕니다.

피터 톰킨스 외, 황금용 외 역, 《식물의 정신세계》

에고 지배 단계가 끝나자,
여러분은 존재의 새로운 방식에 눈을 떴습니다.
여러분은 직관적으로
가슴의 에너지를 향해 손을 뻗쳐 갔습니다.
사실 여러분은 단순한 권력놀음을 넘어선
일종의 창조적인 놀이를 찾고 있었습니다.

파멜라 크리베, 이균형 역, 《예수아 채널링》

"왜 자꾸 사람들이 나를 무시하죠?"
"과연 사람들이 OO씨를 무시할 수 있을까요?"
"진짜로 무시하는 걸요."
"그럼 다른 걸 여쭐게요. 사람들이 이 지구와 우주를
 무시할 수 있을까요?"
"그럴 수는 없겠죠."
"한 사람, 한 사람이 모두 하나의 소우주예요.
 그런데 어찌 무시당할 수 있죠?"

황웅근, 《마음세탁소》

평소라면 하지 않던 행동을 하고 싶었다.
익숙한 패턴들이 의식 상태를
둔하게 만든다는 것을 깨달았다.
평소 반복적으로 유지해오던 관습들을 바꾸어보면
흥미로운 경험으로 이어질지도 모를 일이었다.

타니스 헬리웰, 김민주 역,《레프리콘과 함께한 여름》

우리 각자의 안에 있는 현존은
다른 모든 살아 있는 생명체 안에 있는 현존과 같은 것이다.
현존은 모든 것을 포괄하는 의식의 통일장이므로,
당신의 참 존재는 모든 생명과 공유되고 있다.
현존은 당신을 모든 생명과 이어주는 공통의 연결고리이다.

마이클 브라운, 이재석 역, 《현존 수업》

실수를 방어하면 그것은 흐름을 거슬러 노를 젓는 꼴이며,
펜듈럼에게 에너지를 내주는 것이 된다.
어떤 형태든 자신을 정당화하려는 욕망은
내적 중요성이 높기 때문에 일어나는 것이다.
자기에게 실수를 할 권리를 선사하고, 실수를 허용하라.
실수를 방어하지 말라.
오히려 그것을 의식적으로 받아들이라.
그 즉시 삶은 훨씬 더 쉽게 흘러갈 것이다.

바딤 젤란드, 박인수 역, 《리얼리티 트랜서핑 3》

붓다는 호흡을 통해 우주의 진리를 알았고
우주의 뜻이 바로 나의 뜻에 지나지 않는다는 것을 알았다.
나의 삶이란 일체중생의 삶 그대로의 모습이다.
하늘을 나는 새, 물속에 노니는 고기,
땅 위를 기어 다니는 미물들에 이르기까지
호흡하지 않는 것은 없다.
모든 생명은 호흡을 통해서 탄생하고 소멸한다.

정태혁,《붓다의 호흡과 명상 1》

25

나는 대회 마지막 날 한국 최고 신기록을 달성했다.
마음의 저항을 내려놓지 않았더라면
일어나지 않았을 기적이었다.
삶은 자기가 알아서 할 테니
너는 그냥 믿고 따라오라고 말하는 듯했다.
나를 도망가게 할 합당한 근거를 찾느라 분주해하는 대신,
이제는 내맡긴다.

김선영, 《삶이 나를 어디로 데려가든》

몸은 돌아다니고 마음은 이리저리 방황하더라도
호흡은 늘 당신이 있는 그 자리, 거기에 있다.

마틴 보로슨, 이균형 역, 《1분 명상법》

이 사건들은 우리가 선택한 그대로 지금 여기에 나타났다.
우리는 우리의 선택을 신뢰할 수 있다.
우리는 제때 나타난 삶의 모든 것,
그리고 그걸 가능케 한 우주의 시스템을 신뢰할 수 있다.
우리는 우주의 자애로움을 믿고,
그로써 우리의 안전을 확신할 수 있다.

크리스토퍼 M. 베이치, 김우종 역, 《윤회의 본질》

많은 신비가들은 자신의 내면을 들여다보면서
호흡이 육체 안에 존재하는 영혼의 증거임을 알았다.
호흡은 비물질적이다.
혹은, 최소한 물질적 현실과
비물질적 현실의 경계선 위에 걸터앉아 있다.
호흡은 고유한 운동과 리듬을 지니고 있으며,
생명과 활력의 근원이다.

앤드류 와일, 김옥분 역, 《자연 치유》

23

내 마음대로 하는 것이 아니라
아버지께서 내 안에 계셔서 자기의 일을 행하시는 것.

베어드 T. 스폴딩, 정창영 역, 《초인생활(탐사록)》

우리의 신체는 스스로 정전기장을 발생시킨다.
명상 상태에 있을 때 우리의 신체는
지구의 전기장과 공명한다.

이차크 벤토프, 류시화 외 역, 《우주심과 정신물리학》

무위란 야심을 갖고 단호한 자세로 노력하는 것이 아니라
존재 그 자체에 의하여 행동하는 것이다.
확고하게 예정된 목표를 추구하기보다는
사물이 움직이는 방식과
거기에 조화될 수 있는 방법을 감지하려고 노력한다.

스타니슬라프 그로프, 유기천 역, 《초월의식》

고행자들의 호흡 수련이
건강이나 불사를 성취하기 위한
특수한 방법으로서 개척된 것인 반면에
붓다 호흡법의 특징은
자연 그대로의 호흡을 명상함으로써
해탈에 이른다는 점에 있다.
주어진 모든 법을 버리지 않고
있는 그대로를 통해 그것을 보다 높은 차원으로
승화시키는 것이다.

정태혁, 《붓다의 호흡과 명상 1》

인간은 자기 자신에 대한 깊은 생각에 빠져들고,
일과 의무와 같은 심각한 것들에 대해서 고민하오.
그런 행위는 인간을 단단하고 갑갑하게 조이며
진화를 지연시키지.
하지만 인간이 더욱 의식적인 상태가 된다면
조금 더 가볍고 빈 공간이 많은,
투과성 높은 상태가 된다오.

타니스 헬리웰, 김민주 역, 《레프리콘과 함께한 여름》

우리는 모두 이 세상에 올 때 자연의 아이로 왔다.
자연의 균형을 깨뜨리지 않는다면
우리는 세상에서 최선의 것을 얻을 수 있다.
사실은, 소망을 성취하는 길에서 유일한 장애물은
인위적으로 만들어낸 중요성이다.

바딤 젤란드, 박인수 역, 《리얼리티 트랜서핑 1》

20

성령의 가장 세련된 도구 중의 하나가 웃음이지요.
형제, 세상을 너무 심각하게 바라보면
세상이 당신을 끌고 다닐 거예요.

개리 레너드, 이균형 역,《우주가 사라지다》

12

아침에 일어나는 순간을 생각해보라.
잠에서 깨어나는 그 최초의 순간 말이다.
그 순간에 당신은 마치 빈 칠판처럼 열려 있고 순진무구하다.
나는 예수가 "천국에 들어가려면 아이와 같이
되어야 한다"고 했을 때,
그것은 우리가 잠에서 막 깨어났을 때와 같은
이 본질적인 순수성을 가리킨 것이라고 믿는다.
이런 열린 상태가 비록 한 순간이기는 해도
매일 아침마다 주어진다는 것이 멋지지 않은가?

마틴 보로슨, 이균형 역, 《1분 명상법》

하려고 하는 일이 당신에게 정말 중요한 일이라면
거기서 바람을 빼라.
성공을 위한 가장 좋은 처방은
자연스러움, 즉흥성, 그리고 가벼운 태도이다.
결코 '심각하고 조심스럽게' 준비해서는 안 된다.

바딤 젤란드, 박인수 역,《리얼리티 트랜서핑 1》

13

여러분이 지구로 온 가장 깊은 동기는
자기 안의 어둠과 작별하기 위해서였고,
이 어둠을 인간이 된 자신 속에서 대면하기로 동의했습니다.
여러분은 흔히 자신이 다른 이들을,
어머니이신 땅을 돕기 위해 이곳에 왔다고 생각하지만,
가장 밑바탕의 이유는 자신을 치유하기 위해서입니다.

파멜라 크리베, 이균형 역, 《예수아 채널링》

내맡김의 즐거움, 하늘의 조율을 기다리는 여유,
인위적이지 않은 마음, 언제라도 떠날 수 있는 가벼움,
모든 것을 내려놓을 수 있는 용기….
역설적이지만 소망은 이런 상태에서
뜻하지 않은 방식으로 이루어집니다.
그러니 지금 해야 할 일에만 최선을 다하면서
나머지는 흐름에 맡기고 나아가십시오.

정명호, 《욕망을 이롭게 쓰는 법》

단순히 내 마음에 어떤 생각이 일어났는지만을
지켜보는 것은 진정한 알아차림이 아닙니다.
내가 일으킨 한 생각이 어떻게 세상에 투사되고,
어떻게 다시 내게 돌아와 반응을 일으키며,
그 반응이 세상으로 또다시 돌아나가 어떤 방식으로
재창조를 하는지 또렷하게 볼 수 있어야 합니다.

정명호,《욕망을 이롭게 쓰는 법》

나의 이 슬픔을 사랑할 방법을 모르겠다.
나의 이 두려움을 사랑할 방법을 모르겠다.
나의 이 질투를 사랑할 방법을 모르겠다.
…
사랑할 방법을 모른다는 것을 인정함으로써
내맡김의 한복판으로 들어가
갈등과 짐과 고난을 모두 내려놓겠다.

맷 칸, 유영일 역, 《사랑 사용법》

15

행복한 인생을 원한다면 우리는 유연한 자세로 마음을 열고
새로운 상황을 받아들이면서
생명의 법칙에 따라 성장과 진화를 계속해야 한다.
자연계의 리듬을 인정하고 그것과 하나가 되어야 하며,
뱀이 허물을 벗듯이 낡아버린 몸과 마음에서
수시로 벗어나야 한다.

유기천, 《인간의 점성학 2》

진정한 달인은 주의를 기울이는 모든 순간을
자신이 아는 것이 얼마나 적은지를 기억하는 데에 쓴다.
그는 임하는 모든 순간을 가능성에 대해
마음을 여는 데에다 쓴다.
이것은 '알지 않음'의 훈련이요,
그것이 겸허한 태도의 핵심이다.

마틴 보로슨, 이균형 역, 《1분 명상법》

16

완전히 길을 잃고 있는 것은 아니다.
왜냐하면 현 순간의 자각으로 들어가는 생명선은
당신 안에 있기 때문이다.
그것은 바로 호흡이다. 과거나 미래에서는 숨을 쉴 수 없다.
당신은 오직 현재에서만 숨을 쉴 수 있다.
호흡을 자각함으로써 당신은
과거와 미래로부터 주의를 되찾아주는 도구를
작동시키는 것이다.

마이클 브라운, 이재석 역, 《현존 수업》

15

우리는 명상할 때 무언가 기대하는 것이 있습니다.
마음의 평화를 얻고 싶다든지, 깨달음을 얻고 싶다든지,
두통을 없애고 싶다든지,
어떤 초자연적인 능력을 얻고 싶다든지.
당연한 일입니다만, 문제는 안간힘을 쓰는 것입니다.

윤종모, 《치유명상》

17

규칙적인 호흡은 헝클어진 감정을 진정시킨다.
만일 당신이 의기소침하고, 언짢고,
누군가를 한 대 때리고 싶을 지경이라면
숨을 최대한 깊이 들이쉰 상태로
몇 초간 참았다가 천천히 내쉬어보기 바란다.

롭상 람파, 이재원 역, 《롭상 람파의 가르침》

무엇이 우리를 펜듈럼으로부터 보호해줄 수 있을까?
그것은 비어 있음이다.
내가 텅 비어 있다면 무엇으로도 나를 붙잡지 못할 것이다.
나는 펜듈럼의 게임에 말려들지 않는다.
게임이 나를 괴롭히지 못한다.
아무런 영향도 주지 못한다.
나는 텅 비어 있는 존재다.

바딤 젤란드, 박인수 역, 《리얼리티 트랜서핑 1》

18

감정이 일어난다는 것은 그것이 당신의 장場에서
이미 청소되고 있다는 뜻입니다.
불편이 느껴지는 몸의 부위에 집중하기만 해도,
불편한 곳의 중심을 향해 천천히 호흡해 들어가기만 해도,
당신 내면의 아이에게 부드러운 사랑으로
주의를 기울여주기만 해도,
당신은 세포의식의 찌꺼기가 더 빠른 속도로
배출될 수 있도록 돕고 있는 것입니다.

맷 칸, 유영일 역,《사랑 사용법》

13

40여 년이 흐른 지금,
가끔씩 이 사원 공동체를
어떻게 시작하게 되었냐고 묻는 사람들이 있다.
그들에게 뭐라고 이야기를 해야 할까?
그게 내가 한 일이 아니라는 것만큼은 확실히 잘 알고 있다.
나는 나 자신을 내려놓고
일어나야 할 일을 일어나게 했을 뿐이다.
이것이 내가 그들에게 해줄 수 있는 최상의 대답이다.

마이클 A. 싱어, 김정은 역, 《될 일은 된다》

《화엄경》에서는
가장 미세한 물질 속에서 우주가 있다고 했습니다.
일어나고 사라지는 세포(까라빠), 지금 여기에서 생멸하는
감정과 생각 속에 우주의 생멸이 있습니다.

김열권,《보면 사라진다》

12

현 순간의 자각을 쌓으면
당신은 삶이라는 모험에서 모든 것이
나름의 때와 장소를 가지고 있다는 사실을 깨닫게 된다.
그래서 당신은 움직이지 않는 것을 억지로 움직이게 하거나,
반대로 움직이고 있는 것을 굳이 멈춰 세우려고 하는 것이
어리석은 일임을 알게 된다.

마이클 브라운, 이재석 역, 《현존 수업》

20

우리는 두려움 안으로 걸어 들어갈 의지가 있어야 합니다.
두려움을 직면하고 가장 두려운 순간에도
호흡을 계속하면서 고요함을 유지할 때,
이것이 바로 두려움을 극복하는 순간이기 때문입니다.
이럴 때 변화가 찾아옵니다.
두려움이 몰려올 때 호흡을 하면서
생명력의 에너지를 신체로 넣어주는 건
당신이 살아 있음을 신체에 알려주는 것입니다.

웬디 드 로사, 송지은 역, 《가슴으로 치유하기》

때가 되었는지는 그냥 알게 된다.
"우리가 여정을 선택하는 것이 아니다.
여정이 우리를 선택한다."

파트릭 뷔렌스테나스, 이선주 역, 《연금술이란 무엇인가》

나는 줄곧 숲을 찾아 헤매고 있었다.
'내가' 숲의 고통을 동정하여
나무를 심기로 결심했다는 생각은 당치도 않은 착각이었다.
사실은 '숲이' 나의 고통을 차마 보다 못해
스스로 자신의 진짜 모습을
나에게 드러내 보여주었던 것이다.
내가 숲을 구하는 것이 아니다.
숲이 나를 구한다.

마사키 다카시, 김동준 역, 《출아메리카기》

사람들이 참지 못하고 소리쳤다.
"그러니까 하나님 나라가 뭐냐고요."
"그것은 온전히 '하나님'의 것이 된 마음과
가슴의 어떤 상태입니다.
이런 상태에 있게 되면
'아버지'가 여러분 몸의 수뇌가 되어서
여러분의 모든 행동과 삶의 모든 것을 지휘하십니다."

기록자 받아씀, 이균형 역,《그리스도의 편지》

심호흡을 하면서 익숙한 고요 상태로
돌아가는 것을 발견한다.
'당신이' 고요를 찾고 있는 것이 아니라
고요가 당신을 찾고 있다.
고요는 당신의 진정한 본성으로서
자신을 드러내기 시작한다.
당신은 그 순간을 만날 준비가 언제든지 되어 있다.

마틴 보로슨, 이균형 역, 《1분 명상법》

나 자신보다 더 큰 파도가
나를 어딘가로 자연스럽게
떠미는 것처럼 느껴질 것입니다.
내 머리가 아니라 가슴이 선택할 것입니다.

무지, 서상혁 외 역, 《드높은 하늘처럼, 무한한 공간처럼》

편안히 누워 자신을 이완시키라.
가볍게 양손을 맞잡고 깊게, 규칙적으로 호흡하라.
호흡할 때는 호흡의 리듬에 맞추어
'평화, 평화, 평화'를 되뇌라.
만일 사람들이 하루 중 10분이라는 시간만
이 연습에 바친다면
의사들은 곧 파산하고 말리라.

롭상 람파, 이재원 역, 《롭상 람파의 가르침》

여러분이 운전석에서 내리기만 하면
삶이 저 혼자서도
자신을 운전해갈 수 있다는 것을 알게 되고,
또 삶은 언제나 스스로 운전해가고 있었음을 깨닫게 된다.
삶이 거의 마술처럼 변한다.
'나'라는 환영은 더 이상 길을 가로막지 못한다.
삶은 흐르기 시작하고,
그것이 우리를 어디로 데려갈지는 결코 알 수 없다.

아디야샨티, 정성채 역, 《깨어남에서 깨달음까지》

호흡이 느려지고 깊어지면
마음은 침묵을 회복하고, 가슴은 열립니다.
하루에 몇 차례 잠시 멈추어 호흡을 가다듬기만 해도
어디를 가든지 안전함을 느끼는
본능적 능력을 키울 수 있습니다.

맷 칸, 유영일 역, 《사랑 사용법》

7월 July

내맡김의 달

욕망을 신념으로 착각하지 마라.
집착을 자비로 착각하지 마라.

라마 카지 다와삼둡 영역, 유기천 역, 《티벳 밀교 요가》

25

생각하면 할수록 놀라울 정도로 기묘한 일이 아닐 수 없다.
우리가 살고 있는 이 대극의 세계에 대하여
자연은 전혀 알지 못하는 것 같기 때문이다.
자연은 진실한 개구리와 거짓 개구리를 키우지 않을뿐더러,
도덕적인 나무와 부도덕한 나무,
옳은 바다와 잘못된 바다 같은 것도 만들어내지 않는다.

켄 윌버, 김철수 역, 《무경계》

에고를 미워하라는 말이 아닙니다.
에고가 설정해둔 삶의 제약들에
순종하라는 말도 아니고요.
그냥 에고가 주인 자리에서 내려오게 하세요.

융 푸에블로, 김우종 역, 《나는 나를 괴롭히지 않겠다》

미지에 대한 두려움을 극복하는 방법은
일상생활에서 어머니 지구와의 관계를
재정비하는 거예요.
일단 '어머니 지구'라는 이름으로 지구를 부르다 보면,
정말로 지구가 당신에게 생명을 준 어머니라고
느껴질 거예요.
어머니 지구와 물리적으로 연결되는 방법으로는
자연 속을 거닐기, 정원 가꾸기,
맨발로 흙 밟으며 걷기 등이 있어요.

타니스 헬리웰, 정승혜 역, 《몸의 정령 헨리》

금정적 중립의 태도를 연습하는 게 큰 도움이 될 거예요.
나는 목표에 집착하지 않는 태도를 유지하려 노력해요.
보편의식은 나에게 무엇이 최선인지
알고 있다는 사실을 나는 믿어요.

타니스 헬리웰, 정승혜 역, 《몸의 정령 헨리》

27

움직이는 발을 쳐다보면서
자신이 지금 걸어가고 있다는 사실에
의식을 집중해봅니다.
한 걸음 한 걸음 걸을 때마다
순간순간 대지 위를 부드럽게 밟고 있으며,
이 걸음 속에서 인생을 발견하고,
지금 이 순간에 존재하고 있는 자신을 느껴봅니다.

윤종모, 《치유명상》

해결해야 할 장벽과 틈새가 존재한다고 믿고
더 많이 애를 쓸수록,
당신의 진동은 더욱 일그러지고 불안정해진다.
그러면 자연스러운 근원 주파수로부터
더욱 멀어질 것이다.
그저 긴장을 풀고 그 안으로 들어가라.
당신이 순수해질수록 참된 자아와
합일하는 과정은 더욱 수월해진다.

페니 피어스, 김우종 역, 《감응력》

28

내가 만난 사람들 중에서 가장 건강했던 사람들은
대개가 열심히 걷는 이들이었다.
보행은 치유체계가 정상적으로 작동하도록
도울 뿐만 아니라
질병에 걸렸을 때에는 자연적인
치유의 가능성을 높이는 가장 훌륭한 운동이다.

앤드류 와일, 김옥분 역, 《자연 치유》

7월 July

내맡김의 달

좋지 않고, 애쓰지 않고 바다의 품 안에 있다 보면
어느새 나는 내가 가려던 곳, 되려던 나에 도달해 있다.
이 경이로운 성장의 순간이 바다가 나에게 준 선물이다.

김선영, 《삶이 나를 어디로 데려가든》

4◆가슴 7◆왕관

당신의 피부는 매달 완전히 교체된다.
위 내벽은 매주 새로워지고 대장 내벽은 더 빨리 교체된다.
우리 신체를 구성하는 기본적 요소들의
이 같은 끊임없는 순환은
우리가 얼마나 빠르고 완전하게
치유될 수 있는지에 대해 심오한 암시를 주고 있다.
우리의 신체는 치유되게끔 프로그램되어 있다.

도슨 처치, 최경규 역, 《깨어 있는 마음의 과학》

그것은 내가 행위자가 아니라는 느낌,
자신을 놓아 보내어 일이 스스로
일어나게 한다는 느낌이다.
우리가 에고로서 있을 때,
그것을 어떻게 알아차릴 수 있을까?
아무런 힘이 들지 않으면 에고가 없는 것이다.
힘이 많이 들수록 더 많은 에고가 있는 것이다.

레스터 레븐슨, 이균형 역, 《깨달음 그리고 지혜》

어머니와 같은 이 대지를 당신들에게 맡기고
우린 떠날 것입니다.
아무쪼록 당신들의 삶의 방식이 물과 동물과 공기,
그리고 당신들 자신에게 어떤 영향을 주고 있는지
깨닫기를 바랍니다.
이 세계를 파괴하지 않고 당신들 문제에 대한
해결책을 찾아내기를 바랍니다.

말로 모건, 류시화 역,《무탄트 메시지》

7월 July

이제 삶을 이끄는 것은
내 개인적인 호불호가 아니었다.
좋고 싫은 마음이 내게 미치는 강력한 힘을 내려놓음으로써
나는 그보다 더 강력한 힘,
바로 삶 자체에다 내 삶을 내맡겼다.

마이클 A. 싱어, 김정은 역, 《될 일은 된다》

7월 July

내맡김의 달   머리는 단순하게, 마음은 가볍게 삶의 파도를 즐기다

내맡김의 달 주간 명상

첫째 주 ◇ 숫자 세기 호흡명상

숨을 내쉴 때마다 1부터 6까지
숫자를 하나씩 세며 호흡을 관찰해보세요.
수식관數息觀은 잡념을 줄이고 호흡에 집중할 수 있도록 도와줍니다.

둘째 주 ◇ 물과 함께하는 명상

한 주 동안 수용의 성질인 물과 깊이 공명해보세요.
물을 마시기 전에 물잔을 가슴에 대고 감사를,
샤워할 땐 물에 축복을 보내보세요.

셋째 주 ◇ 타임워치 생각 알아차리기

매일 딱 한 시간, 떠오르는 생각들을 지켜봅니다.
모였다 사라지는 수천 가지 생각들에 깜짝 놀랄 거예요.
익숙해지면 시간을 점점 늘려봐도 좋아요.

넷째 주 ◇ 몸 안의 몸 자각

편안한 상태로 눈을 감고 몸의 느낌과 떨림을 지켜봅니다.
떨림의 몸 안에 있는 텅 빈 공간 그 자체를 느껴보세요.
'I Am 있음의 몸', 그 의식 자체로 머물러봅니다.

넷째 주 ◇ 향기 명상

향초나 향을 켜고 크게 심호흡을 해봅니다.
눈앞에 보이는 촛불이나 연기의 모습에 주의를 모아보세요.
숨을 마시며 향이 온몸 세포 하나하나로 스며드는 것을 느껴봅니다.

- 일력에 수록된 문장은 모두 정신세계사에서 출판한 책 78권에서 발췌했습니다.
- 수록된 문장은 원문 그대로 싣는 것을 원칙으로 하되, 더 직관적인 이해를 돕기 위해 수정이 불가피하다고 판단한 내용은 문장 순서를 바꾸거나 문장 구조를 수정했습니다.

1 깨어남 365 현존 일력

권혜진이 엮고 계남이 그린 것을 정신세계사 김우종이 2023년 11월 30일 처음 펴내다. 이현율과 배민경이 다듬고, 디자인사과나무가 꾸미고, 한서지업사에서 종이를, 금강인쇄에서 인쇄와 제본을, 하지혜가 책의 관리를 맡다. 정신세계사의 등록일자는 1978년 4월 25일(제2021-000333호), 주소는 03965 서울시 마포구 성산로4길 6 2층, 전화는 02-733-3134, 팩스는 02-733-3144이다.

2023년 11월 30일 펴냄 (초판 제1쇄)

ISBN   978-89-357-0465-1 02190

홈페이지 | mindbook.co.kr 인터넷 카페 | cafe.naver.com/mindbooky
유튜브 | youtube.com/innerworld 인스타그램 | instagram.com/inner_world_publisher

값 22,000원

ISBN 978-89-357-0465-1